고대 이집트 전쟁론

개전권과 교전법을 중심으로

일러두기

1. 본문의 고대 이집트어 원전의 번역은 모두 필자가 원문을 읽고 직접 수행하였다. 따라서 반역상의 착오 및 오류는 모두 필자의 책임이다.

2. 음역 혹은 번역 뒤에 물음표(?)가 붙은 단어는 원문이 훼손·소실·오염되어 판독 및 해독이 불가능하여 단어의 음역 혹은 번역이 필자 혹은 다른 학자에 의해 유추되었다는 것을 의미한다.

3. 고대 히브리어 등 외래어의 표기는 일반적으로 통용되는 영어식 표기로 통일하였으며 이외의 발음에 대해서는 우리말에 가장 가까운 발음으로 표기하였다.

4. 이집트의 지명은 현대 이집트학에서 통용되는 지명을 사용하였으며 필요에 따라 고대 이집트어·콥트어·그리스어·중세 아랍어 지명을 병기하였다.

5. 고대 이집트 파라오 혹은 여타 고대 중근동 국가의 왕의 경우, 괄호 안의 연도는 모두 재위기간이다. 기타 인명의 경우, 괄호 안의 연도는 모두 생몰년이며 재위기간을 밝혀야 할 경우에는 따로 표기하였다.

6. 본문에 사용된 '기독교(그리스도교)'는 '가톨릭'과 '개신교'를 모두 포괄하는 용어이며 성서 구절의 인용 및 각 권의 명칭은 기본적으로 대한성서공회의 『성경전서 표준새번역』을 따랐다.

7. 단행본 저서, 논문집, 작품집, 잡지, 장편소설 등 서적으로 간주할 수 있는 것은 겹낫표(『』)로, 논문, 단편, 신문기사 등은 홑낫표(「」), TV 프로그램, 예술작품(미술·음악·희곡·영화) 등은 홑화살괄호(〈 〉)로 각각 표기하였다. 성서의 경우, 서명은 겹낫표로, 편명은 홑낫표로 각각 표기하였다. 신화의 경우, 기승전결의 완결된 구조를 갖춘 독립적인 작품으로 간주할 수 있는 것은 겹낫표로, 신화소 혹은 단편적 서사들을 취합하여 신화의 전체적 내용을 추정해야 하는 경우에는 홑낫표로 각각 표기하였다.

8. 직접적으로 인용한 부분은 큰따옴표(" "), 재인용이나 강조한 것은 작은따옴표(' ')로 표기하였다.

고대 이집트 전쟁론

개전권과 교전법을 중심으로

유성환 지음

씨
아이
알

들어가며

비혈마飛血馬 야백夜白은 군독軍督 황滉을 태우고 팔풍원八風原으로 나왔다. 야백은 사두사륜四頭四輪에 묶이지 않고 단기單騎로 황을 태웠다. 야백의 눈에 인간들의 전쟁은 산을 헐어서 물길을 내거나 농사를 짓거나 성벽을 쌓는 일처럼 늘 하는 일인데, 치수治水나 축성보다 더 빠르게 해야 하는 사업처럼 보였다. 가끔 무수한 인마를 몰아서 한군데를 향해 달려가는 것이 인간의 타고난 버릇인 모양이었다.[1]

2022년 2월 24일 러시아 연방 대통령 블라디미르 푸틴Vladimir Putin(1952년~현재)이 소위 "특별 군사작전"을 개시할 것을 선포한 후 러시아가 우크라이나를 전면 침공함으로써 '러시아–우크라이나 전쟁'이 발발했다. COVID-19 대유행 이후 시작된 전쟁이라는 점, 1945년 이후 강대국들 사이에 지속된 '오랜 평화Long Peace' 체제를 깬 전쟁이라는 점 이외에도 러시아–우크라이나 전쟁은 현대사의 분기점으로 기록될 만한 특징을 많이 가지고 있는데, 그중 가장 주목할 만한 것은 이 전쟁이 과거의 제국주의적 팽창정책의 일환으로 수행되는 침략전쟁이라는 사실이다.

이런 이유로 러시아-우크라이나 전쟁은 제2차 세계대전(1939~1945년) 이후 시작된 냉전기Cold War(1947~1991년)에 양 진영 간의 국지적 대리전 형태로 발발했던, 한국전쟁(1950~1953년)이나 베트남전쟁(혹은 제2차 인도차이나전쟁: 1955~1975년)과 같은 열전熱戰, Hot War과도 다르고, 이른바 문명 간의 충돌로 여겨졌던 걸프전쟁(1990~1991년)과 이라크전쟁(2003~2011년)을 비롯한, 서방 진영과 절대 다수의 인구가 무슬림으로 구성된 중동 및 중앙아시아의 주권국가들 간의 지속적인 분쟁 혹은 전쟁과도 구별된다.[2]

러시아-우크라이나 전쟁을 제국주의적 침략전쟁으로 규정할 때 이 전쟁은 명백하게 국제법상 불법적인 무력 사용에 해당한다. 『유엔 헌장 Charter of the United Nations』 2조 4항은, "모든 회원국은 그 국제 관계에 있어서 다른 국가의 영토 보전이나 정치적 독립에 대하여 또는 유엔의 목적과 양립하지 아니하는 어떠한 기타 방식으로도 무력의 위협이나 무력행사를 삼간다"고 규정하고 있다. 따라서 전 세계 유엔 회원국이 자위권 행사 이외의 목적으로 군사적 공격을 감행할 경우, 이는 침략전쟁으로 간주되며 이와 같은 침략전쟁을 일으키는 행위는 전쟁범죄가 될 수 있다.

그런데 러시아-우크라이나 전쟁이 종결되지 않은 상황에서 이번에는 팔레스타인 지역에서의 해묵은 갈등이 전쟁으로 비화했다. 2023년 10월 7일 이슬람 무장단체 하마스Hamas(아랍어: حماس)가 100여 명의 이스라엘과 외국 민간인을 납치하고 지상군의 기습 침공을 단행함으로써 '이스라엘-하마스 전쟁'이 발발한 것이다. 이로서 국제사회는 동유럽과 중동에서 2개의 대규모 국지전이 동시에 진행되는-양차 세계대전 이후의 국제 정치사에서-매우 예외적인 상황에 직면하게 되었다.

"1973년 제4차 중동전 이후 최대 규모"라는 수식어가 붙은 이번 전쟁에서 이스라엘 측의 사망자는 2023년 12월 현재 전투원 642명을 포함한

1,400여 명, 부상자는 4,600여 명에 달한다. 팔레스타인 측의 피해는 이보다 훨씬 심각한데, 전투원 1,500명을 포함한 전체 사망자는 23,000명, 부상자는 32,000명에 이르며, 거의 매일 계속되는 이스라엘 측의 포격과 공습으로 인해 123,000명이 넘는 난민이 발생했다. 또한 이스라엘은 궁극적으로 하마스를 지원하는 결과를 초래한다는 이유로 가자 지구Gaza Strip에 고립된 주민들에 대한 국제사회의 인도적 지원을 봉쇄했는데, 이 때문에 이 지역 주민들 대다수가 영양실조와 대규모 기아에 허덕이고 있다. 하마스가 점령한 가자 지구 보건부의 자료에 따르면, 교전이 시작된 이후 7일간의 임시 휴전 기간을 제외하면 하루 평균 300명이 목숨을 잃은 것으로 추정되며,[3] 사망자 중 74퍼센트는 어린이와 여성, 노인인 것으로 집계되었다.[4]

　가자 지구의 대규모 민간인 피해 때문에 개전 초 전쟁의 피해자로 인식되었던 이스라엘은 국제사회의 거센 비난에 직면하게 되었다. 이런 복잡미묘한 상황은 일정 부분 이스라엘–하마스 전쟁의 성격을 규정하는 것이 국제법상 쉽지 않다는 사실에 기인한다. 우선 팔레스타인이 국제법상 국가에 해당하는지에 대해 국제사회는 이견을 보인다. 이미 (미국과 이스라엘을 제외한) 130여 개국이 팔레스타인을 국가로 인정했으며 팔레스타인 역시 국가형사재판소 등 여러 국제기구의 당사자이면서 스스로를 국가로 표방하고 있으므로 국제법을 준수할 의무가 있다. 아울러 법적 지위와는 무관하게 하마스가 가자 지구를 실질적으로 통치하고 있으며 팔레스타인이 1949년의 「제네바 협약Geneva Conventions」 등과 같은 국제조약에 가입한 이상 하마스는 이들 조약 또한 준수할 국제법적 의무가 있다.

　따라서 이스라엘이 하마스의 선제공격에 대하여 자위권을 행사한 것은 국제법상 하자가 없다. 그러나 문제는 이스라엘의 공격으로 인해 가자 지구의 민간인 희생이 실로 엄청나다는 사실이다. 소위 '비례성', 다시 말해 군사적 목적과 민간인의 희생 사이에서 관습적으로 인정되는 엄격한 비례성을 감안한다 하더라도 이스라엘이 가자 지구의 비전투요원, 즉 민간인에게 가한 막대한 피해는 국제법상 정당화될 수 없다.[5] 이미 다수의 국제기구와 국제법학자들이 어린이를 비롯한 민간인을 공격하고 인도적 지원을 막는 것은 국제법 위반이라는 입장을 밝힌 바 있으며, 그간 이스라엘을 전폭적으로 지지해왔던 미국 정부 또한 민간인 피해가 점증하자 이스라엘의 공격이 국제법을 준수하는 방식으로 이루어져야 한다는 점을 기회가 있을 때마다 지적했다.

우리나라와 같이 전쟁 당사국이 아닌 제3자의 입장에서는 21세기에 새롭게 불거진 러시아–우크라이나 전쟁과 이스라엘–하마스 전쟁을 객관적이고 냉철하게 파악하고 평가할 필요가 있다. 미국·일본과 같은 해양 세력과 중국·러시아와 같은 대륙 세력의 각축장이라는 엄혹한 지정학적 조건과, 탈냉전 시대에도 극복되지 못한 70여 년간의 분단상황, 그리고 지금도 현재 진행형인 남북 간의 적대적 대치 상황에서는 사소한 무력시위나 우발적인 군사적 충돌 혹은 한순간의 오판으로 인해 한반도에서 러시아–우크라이나 전쟁과 이스라엘–하마스 전쟁과는 비교가 되지 않을 대규모 국제전이 발발할 가능성이 상존하기 때문이다.

이런 맥락에서, 무력의 행사와 전쟁의 수행과 관련한 두 가지 중요한 개념을 우선 살펴볼 필요가 있는데, 그 첫 번째는 전쟁에 대한 도덕적 판단개념인 jus ad bellum, '전쟁의 정당한 명분' 혹은 '전쟁을 일으킬 권리'이고 두 번째는 jus in bello, '전쟁의 정당한 수단' 혹은 '전쟁에서의 정의'다. 우선 현대 국제사회에서 통용되는 '전쟁의 정당한 명분' 혹은 '개전권開戰權'에 대한 논의는 초기 기독교 교부에서 시작하여 르네상스 시대의 인

문학자들, 16~17세기의 계몽주의자들 그리고 20세기의 사상가들과 국제법학자들에 이르기까지 수많은 사상가들에 의해 제기되고 정립되었다.[6]

서구에서 개전권은 상대로부터 불의한 침략이나 공격을 당했을 때 그에 대한 대응으로 불가피하게 무력으로 대응할 수밖에 없을 때, 이를테면 '유일하고도 정당한 명분unica sola et causa justa'이 존재하는 경우에 한하여 최후의 수단으로서 행사할 수 있었다. 개전권을 행사할 수 있는 주체 역시 개인이나 사적인 조직이 아니라 주권主權, sovereign을 가진 권력주체로 한정되었다. 이것은 '사적 복수'와 '공적 전쟁'을 구분하기 위해 고안된, 전쟁을 일으킬 권리의 필수적인 조건 중 하나라 할 수 있다. 이때 '정의로운 전쟁'에서는 선과 악, 심판자와 범죄자를 구분하는데, 그 결과 전쟁 당사자들은 도덕적으로 비대칭적 지위를 부여 받게 된다.

한편, '전쟁에서의 정당한 수단' 혹은 '교전법交戰法'은 1648년 체결된 「베스트팔렌 조약Westfälischer Friede」 이후 탄생한 근대적 주권국가 사이의 전쟁수행 방법이 고찰·규정되기 시작하면서 태동한 개념이다. 교전법과 같은 '전쟁의 규범화'는 전쟁 당사자인 주권국가들은 규모·종교·민족·자원 등의 구분 없이 국제법상으로는 완전히 동등한 존재, 요컨대 '정당한 적justus hostis'으로 간주되도록 하는데, 교전법에 따른 '격식을 갖춘' 전쟁에서는 동등한 지위를 인정 받는 전쟁 당사자들은 마치 선수들이 페어플레이 정신으로 경기에 임하듯 국제적으로 공인된 원칙─즉, '교전수칙rules of engagement'에 따라 전쟁을 수행해야 한다.

보편적인 교전수칙에는 최후통첩으로서의 선전포고, 민간인의 보호, 무장해제 당한 적병에 대한 살상 금지, 전쟁포로에 대한 인간적인 대우, 휴전협정 이후 적대행위의 즉각적 중지 등이 포함되는데, 모두 네 차례에 걸쳐 수정·확대·대체·추가된 「제네바 협약」이 정립되고 조인되면서 교전수칙은 국제적으로 준수되는 일종의 관습적 규범으로 자리 잡았다.[7] 따라서 적어도 이론적으로는 교전법이 준수되는 한 전쟁 당사자는 상대를 절대악으로 규정하지 않으며 전투원들 역시 도덕적 판단이나 증오심이 아니라 전쟁이라는 특수한 상황하에서 한시적으로 부여 받은 일종의 '사법적' 권리에 따라 적병을 살상할 수 있다고 생각한다.

개전법과 교전법이라는 양대 판단개념을 기준으로 할 때 러시아–우크라이나 전쟁과 이스라엘–하마스 전쟁은 모두 정의롭지 않은 명분으로 시작되어 정의롭지 않은 방법으로 수행되는 전쟁이라 할 수 있다.[8] 그러면 여기서 시선을 잠시 고대 이집트로 돌려보자. 이집트학에서는 기원전 3000년부터 시작되는 초기왕조 시대에서 기원전 332년까지 존속되었던 후기왕조 시대를 '파라오 시대'라고 부른다. 그런데 이 시기 파라오에 의해 수행되었던 (내란을 포함한) 전쟁에 각각 개전권과 교전법의 개념을 적용할 수 있을까? 아울러 그리스–로마 이후의 서구 전쟁사에서 이 두 개념의 기원을 기독교 이전의 이집트 문명에서 찾을 수 있을까?

필자는 이 책에서 이 두 질문에 대한 답을 모색하고자 한다. 이를 위해 우선 파라오에 의해 수행되었던 대표적인 침략·방어전쟁과 관련한 문헌학적·고고학적 증거를 바탕으로 전쟁이 정당화되었던 전형적인 과정과 이런 '정당한 전쟁'이 수행되었던 일반적인 방식을 재구성한 후 이를 '개전권'과 '교전법'을 기준으로 평가하고 이것을 기독교 문명 이후의 개념과 비교할 것이다.

전쟁과 관련된 흥미로운 통계 중 하나에 따르면, 철기시대 이후 3,400년 동안 인류가 완전한 평화를 누린 기간은 전체 기간의 8퍼센트에 해당하는 268년에 불과하다.[9] 인류 역사상 최초로 출현한 문명 중 하나로 특히 신왕국 시대(기원전 1550~1069년)에는 고대 서아시아의 강대국 중 하나로 군림했던 이집트에서 통용되었던 '정당한 전쟁just war'의 개념과 수단을 파악하고자 하는 필자의 작업이[10] 현재에도 진행 중인 러시아-우크라이나 전쟁과 이스라엘-하마스 전쟁, 양안 간의 긴장이 일상화되면서 지속적으로 고조되고 있는 중국과 대만 간의 무력충돌 가능성, 북한의 지속적인 무력시위로 더욱 심화된 한반도의 안보위기 등과 맞물려 우리에게 부쩍 가까워진 전쟁의 본질을 이해하고 전쟁의 위협에 지혜롭게 대처하는 데 필요한 통찰력을 조금이나마 제공해줄 수 있기를 희망한다.

고대 이집트 전쟁론_개전권과 교전법을 중심으로

차 례

제 1 장

배경정보

제1장

배경정보

고대 이집트인들에게 나일강을 따라 형성된 국가체제는 말 그대로 세계의 중심이었다. 이들은 이집트 주변의 지역들을 '불모지대'라는 의미를 내포하고 있는 '이방異邦'이라고 불렀다. 북부 삼각주 지대 너머로는 '거대한 청록靑綠, Great Blue-Green', 즉 지중해가 위치했고 현재의 수도 카이로Cairo에서 약 950킬로미터 떨어진 곳에 위치한 최남단 국경도시 엘레판티네Elephantine, 즉 오늘날의 아스완Aswan 지역 이남은 제1 급류First Cataract로 인해 규모가 큰 선단의 항해가 불가능했다. 접경지의 대도시로서 군사적·경제적 요충지였던 엘레판티네 너머로는 오늘날의 수단Sudan 동북부 지역에 해당하는 누비아Nubia가 존재했다.

한편, 농경과 목축이 가능했던 나일강 유역을 벗어난 동쪽과 서쪽으로는 거대한 사막이 펼쳐져 있어 육로를 통한 외부 세력과의 교류나 침략 역시 제한적일 수밖에 없었다. 이처럼 국토가 바다·급류·사막과 같은 자연방벽으로 보호를 받았던 이집트는 산악민족이나 유목민족의 침입이 빈번했던 메소포타미아 지역에 비해 안정적으로 국가를 운용할 수 있었기 때문에 역사시대 초기부터 독자적인 문명을 발달시킬 수 있었다.

표 1 고대 이집트 역사 개요

선왕조 시대	Predynastic Period	통일 이전	기원전 5300~3000년경
초기왕조 시대	Early Dynastic Period	제1 · 2 왕조	기원전 3000~2686년경
고왕국 시대	Old Kingdom	제3 · 4 · 5 · 6 왕조 + 제7 · 8 왕조*	기원전 2686~2160년
제1 중간기	First Intermediate Period	제9 · 10 왕조 ↔ 제11 왕조**	기원전 2160~2055년
중왕국 시대	Middle Kingdom	제11 · 12왕조 + 제13 · 14 왕조*	기원전 2055~1650년
제2 중간기	Second Intermediate Period	제15 왕조 ↔ 제16 · 17 왕조**	기원전 1650~1550년
신왕국 시대	New Kingdom	제18 · 19 · 20 왕조	기원전 1550~1069년
제3 중간기	Third Intermediate Period	제21 · 22 · 23 · 24 · 25 왕조	기원전 1069~664년
후기왕조 시대	Late Period	제26 · 27 · 28 · 29 · 30 왕조	기원전 664~332년
그리스 지배기	Ptolemaic Period	프톨레마이오스 왕조	기원전 332~30년
로마 지배기	Roman Period	로마 속주	기원전 30~기원후 395년

* 덧셈 기호(+) 다음에 기재된 왕조(제7·8·13·14왕조)는 왕국시대 말기의 군소왕조이다.
** 등치 기호(↔)는 남부와 북부의 왕조가 대립했다는 것을 의미한다. 기호를 기준으로 위가 북부에, 아래가 남부에 각각 근거지를 두었던 왕조다.

내부의 폭력적 갈등

이집트가 메소포타미아에 비해 지정학적으로 고립적이었던 것은 사실이지만 그렇다고 해서 이 지역이 상대적으로 더 평화로웠던 것은 아니다. 상궤에서 이탈한 예외적인 사건, 그중에서도 자신들에게 불리한 것은 특히 기록하기를 꺼렸던 이집트인의 역사기술 경향 때문에 자세한 경위는 파악할 수 없지만, 현존하는 문헌학적 · 고고학적 증거를 고려할 때 내란이나 반란과 같은 폭력적인 내분이 전무했던 시기는 이집트 역사상 없었던 것으로 보인다.

메소포타미아와 마찬가지로, 이집트에서도 기원전 3200년경부터 이른바 '도시 혁명Urban Revolution'이 시작되었으며 이때 형성된 도시국가 연합체들이 원시적인 영토국가를 형성하면서 나일강을 따라 폭력을 동반한 정복활동이 시작되었다. 이집트학에서 소위 '제0 왕조Dynasty 0'(기원전 3200~3000년경)로 불리는 시기에는 '전갈왕King Scorpion'이나 나르메르Narmer와 같은 통치자를 이상적으로 묘사한 인식표(라벨)·화장판·곤봉머리 등과 같은 공예품을 통해 당시의 정황과 왕권의 형성과정을 추론해볼 수 있는데,[1] 당시에 제작된 조형예술품 중 가장 대표적인 유물로는 〈나르메르 화장판Narmer Palette〉을 꼽을 수 있다(그림 1).

그림 1 〈나르메르 화장판〉

〈나르메르 화장판〉을 비롯한 초기왕조 시대의 유물에는 후대 파라오들에게 전범典範이 될 수 있는 모습이 묘사되어 있는데, 대개는 남부 상이집트의 지배권을 상징하는 백색관White Crown과 북부 하이집트의 지배권을 상징하는 적색관Red Crown을 쓰고 왕의 권위를 한껏 과시하는 복식服飾을 갖춘 채 각종 의례를 진행하는 왕의 모습이 주류를 이룬다. 이와 동일한

고대 이집트 전쟁론_개전권과 교전법을 중심으로

맥락에서, 〈나르메르 화장판〉의 한쪽 면에는 나르메르가 통일된 이집트의 왕으로서, 오른손에는 곤봉을, 왼손에는 무릎을 꿇은 포로의 머리채를 움켜잡은 채 곤봉으로 그를 의례적으로 살해하려는 장면이 그려져 있다. 이 장면은 바로 다음 왕조인 제1 왕조(기원전 3000~2890년)의 덴Den에 의해 그대로 계승되었으며 이후 '승리를 거둔 왕Victorious King'이라는 모티프로 고착되어 고대 이집트 문명이 종언을 고할 때까지 왕의 가장 대표적인 이미지 중 하나로 사용되었다.

그림 2 덴의 인식표(라벨)(영국박물관, CC BY-SA 3.0)

이처럼 이집트의 통일왕조는 시작부터 군사적으로 우세한 남부의 지배세력이 북부를 폭력적으로 - 이후 문화적으로 - 병합하는 정복전의 방식을 통해 수립되었으며, 이후 내분기에 해당하는 제1 중간기(기원전 2160~2055년)와 제3 중간기(기원전 1069~664년)에도 남부가 북부를 다시 점령하는 과정이 반복되었다. 고왕국 시대(기원전 2686~2160년)의 중앙집권 체제가 붕괴하면서 시작된 제1 중간기에는 중부 헤라클레오폴리스Herakleopolis에 근거지를 둔 제9 왕조와 제10 왕조가 테베Thebes에 근거지를 둔 제11 왕조와 대립했는데, 일반적으로 격심한 내분과 혼란의 시기로 인식되고 있다. 그러나 일부 학자는 이때를 중앙정부의 통제에서 벗어난 독자적인 지역문화가 개화한 시기로 보기도 한다.[2] 아울러 고왕국 시대(기원전 2686~2160년) 말기와 중왕국 시대에서 찬탈에 의해 왕조가 교체되었던 제12 왕조(기원전 1285~1273년) 초기에는 중앙정부에 대항하는 반란이 발생했던 것으로 추정된다.

신왕국 시대가 막을 내리고 찾아온 제3 중간기의 경우, 북부지역에서는 타니스Tanis가 제21 왕조(기원전 1069~945년)와 제22 왕조(기원전 945~715년)의 수도가 되었고 남부에서는 테베의 카르낙 대신전Great Temple of Karnak을 중심으로 국가신 아문Amun의 신관들이 신탁을 통해 행정업무 등을 수행하는 신정정치theocracy가 시행되었다. 시간이 지남에 따라 신왕국 시대 후기부터 북부의 삼각주 지대에 정착하기 시작한 리비아Libya 출신 부족장들이 제22 왕조 · 제23 왕조(기원전 818~715년) · 제24 왕조(기원전 727~715년)를 각각 수립하면서 권력을 분점分占했고, 이와 동시에 중부 이집트와 삼각주 지역에는 소규모 왕조가 난립하면서 이집트는 남북에 걸쳐 여러 정치집단으로 사분오열되었다.

그러나 오늘날의 수단 북부에 해당하는, 이집트 국경 이남의 누비아 북부에서 발흥한 제25 왕조(기원전 747~656년) 혹은 쿠쉬 왕조Kingdom of Kush에 의해 이집트 전역이 다시 통일되었다.[3] 요컨대, 제3 중간기는 국토가 다시 남북으로 분열되었다는 점뿐만 아니라 이집트 역사 초반에는 변방에 머물러 있었던 리비아와 누비아의 지배층이 전면에 등장하여 주도적인 역할을 수행했다는 점에서 새로운 분기점으로 간주될 만하다.

한편, 특정 파라오를 시해한 후 권력을 탈취하고자 했던 시도는 고왕국 시대에서부터 후기왕조 시대에 이르기까지 자전적 기록 · 서사문학 작품 · 법률문서 등 다양한 문헌사료에 간접적으로 암시되는 경우가 있지만,[4] 각 중간기에 발생한 내란과 달리 기성 권력에 도전하는 반란에 대한 기록은 거의 찾아볼 수 없다. 이것은 파라오가 누렸던 절대왕권이 제공하는 종교적(그리고/혹은 주술적)이고 실제적인 방호체제 덕분이기도 하지만 종교적 · 정치적으로 바람직하지 못한 사건은 가능하면 기록하지 않으려 했던 이집트인들의 편향적인 역사기술 성향에 따른 것이기도 하다.

대규모 반란은 특히 왕조 초반이나 왕위를 찬탈한 파라오의 재위 초기에 발생한 것으로 보이는데 초기왕조 시대 제2 왕조 카세켐위Khasekhemwy (기원전 2700~2686년경), 중왕국 시대 제12 왕조의 아멘엠하트 1세Amenemhat I (기원전 1985~1956년)와 센와세레트 1세Senwosret I(기원전 1956~1911년), 신왕국 시대 세티 2세Sety II(기원전 1200~1194년) 재위기간에 제법 큰 규모의 반란이 발생했던 것으로 추정된다.[5] 그러나 이런 반란은 대부분 성공적으로 진압되었으며 역사의 기록에서 배제되었다. 이집트의 개전권, 교전법과 관련하여, 실제 반란의 기록보다 더 중요한 위상을 차지하는 문헌자료는 반란의 '신화적 선례mythological precedence'라고 할 수 있는 『천상 암소의 서Book of the Heavenly Cow』다.

『천상 암소의 서』는 이집트판 '인류멸망 신화'라 할 수 있다. 이 신화에 따르면 창조주-태양신이 노쇠해지자 인류가 반란을 일으키고, 이 반란을 응징하기 위해 창조주-태양신이 포악한 역병의 여신인 하토르-세크메트 Hathor-Sekhmet를 지상에 내려 보내면서 인류는 절멸할 위기에 처하게 된다. 이 신화에서 주목할 점은 정의의 수호자인 파라오에 의해 반란은 반드시 응징된다는 사실, 그리고 파라오에 대항하는 모든 행위는 - 그 주체가 이집트인인지 외국인인지 여부와 관계없이 ─ 모두 반란으로 간주된다는 사실이다.

이런 논리에 따르면 이집트 국경 안에서 이집트인이 파라오에 대항하여 일으킨 반란은 물론, 국경 밖에서 이집트인이 아닌 외부 세력이 주도하는 도발과 국제전 역시 넓은 의미에서는 모두 창조주─태양신의 대리자인 파라오에 대한 (보편적) 반란으로 간주될 수 있었다.[6] 따라서 외부의 침략에 대한 응전과, 심지어 파라오가 주도적으로 수행했던 정복전에 있어서도 적군은 언제나 응징되고 평정되어야 하는 반란세력으로 여겨졌는데,[7] 이런 시각은 전쟁을 바라보는 또 하나의 관점인 '징벌적 전쟁bellum punitivum'이라는 개념을 상기시킨다.

징벌적 전쟁의 가장 큰 특징은 전쟁 당사자가 동등하지 않다는 사실이다. 왜냐하면 징벌은 주종관계, 다시 말해 '상급자imperantis'와 '하급자 subditum'의 관계에서만 가능하기 때문이다. 아울러 징벌은 악이나 범죄에 의해 훼손된 정의가 마침내 회복된다는 것을 의미한다. 그러므로 징벌적 전쟁에서 전쟁은 '정의의 심판'이 실현되는 일종의 법정과 같은 역할을 수행하게 된다.[8] 전쟁을 이런 식으로 바라보는 태도는 전쟁 당사자들이 도덕적으로 비대칭적이라는 생각, 즉 심판자와 범죄자가 구분되는 개전권의 논리를 강화하는데 이것은 다음 장에서 살펴볼 마아트ma'at의 본질, 이집트라는 국가의 종교적 위상, 그리고 파라오의 신성한 의무와 결합하여 파라오가 수행하는 전쟁을 절대적 선으로 정당화하는 데 기여한다.

외부의 침략과 정복

　역사적으로 내란과 함께 외세의 침입 역시 – 메소포타미아에 비해서는 상대적으로 적은 편이었으나 – 이집트인들에게는 피할 수 없는 시련이었다. 가장 대표적인 사례로는 이민족이 이집트의 영토에 대규모로 정착 · 침입하여 급기야 독자적인 왕국까지 세운 제2 중간기(기원전 1650~1550년)를 들 수 있다. 앞서 언급한 바다 · 급류 · 사막 등과 같은 자연적인 방벽 덕분에 외침에 대한 대비가 비교적 용이했던 이집트였지만 시나이반도Sinai Peninsula의 지중해 연안을 통해 시리아–팔레스타인으로 이어지는 동북부의 통로는 보다 적극적으로 방어할 필요가 있었다.

　중왕국 시대의 왕들은 이곳에 검문소를 설치한 '호루스의 길Ways of Horus'을 조성하고 '군주의 벽Walls of the Ruler'이라는 방벽을 쌓아 이주민이 대규모로 유입되는 것을 차단하려 했다. 그러나 중왕국 말기부터 삼각주 지역에 정착하기 시작한 셈족이 제12 왕조 말기의 혼란기를 틈타 삼각주 지대를 지배하게 되는데, 이집트 역사에서 이들은 집합적으로 힉소스Hyksos 민족으로 불렸다. 이집트의 풍습과 전통을 받아들인 힉소스의 지배층들이 파라오로 즉위하면서 이집트는 힉소스의 지배를 받는 북부와 토착 왕조가 다스리는 남부로 양분되었으나 테베를 근거지로 한 제17 왕조(기원전 1580~1550년경)가 수립되면서 힉소스의 지배로부터 이집트를 해방시키고자 하는 투쟁이 본격적으로 전개되기 시작했다. 제17 왕조의 초기에 해당하는 테베의 왕들은 20여 년간 지속된 통일전쟁을 통해 힉소스를 이집트에서 완전히 축출하는 데 성공하게 되었으며 이후 이집트는 신왕국 시대를 맞아 또 한번의 전례 없는 전성기를 구가하게 되었다.

　신왕국 시대의 역사적 전개를 보면 이집트인들이 언제나 수세적인 것은 아니었다는 것을 알 수 있다. 이들은 남부 누비아에 이 지역 패권을 두고 자신들과 경쟁할 가능성이 있는 통일왕조가 설립될 가능성을 언제나 경계했으며,[9] 힉소스 민족을 몰아낸 이후 수립된 신왕국 시대부터는 시리아-팔레스타인 지역에 본격적으로 국력을 투사하기 시작했다. 그 결과, 제18 왕조의 투트모세 3세Thutmose Ⅲ(기원전 1479~1425년) 재위기간에는 시리아 북부의 미탄니Mitanni 지역까지, 남으로는 누비아 내륙의 제5 급류Fifth Cataract까지 진출하게 되었다(지도 1). 누비아는 나일강이 일자로 흐르는 계곡지대로서 이집트 본토와 지리적 조건이 동일했고 이집트를 견제할 수 있는 강력한 영토국가가 없었기 때문에 이집트인들은 금광이 풍부한 누비아의 지역을 탐험·정복·개발·착취의 대상으로 여겼다.[10]

반면, 시리아-팔레스타인 지역은 본토와는 완전히 다른 지리적 조건을 가지고 있었기 때문에 지역의 패권을 두고 강력한 주변국과 끊임없이 경쟁해야 했다. 가장 대표적인 예로는 기원전 1274년 제19 왕조의 람세스 2세Ramesses Ⅱ(기원전 1279~1213년)가 이 지역의 지배권을 두고 히타이트Hittite 의 무와탈리 2세Muwatalli Ⅱ(기원전 1295~1282년)와 격돌한 세계 최초의 강대국 간의 전면전이었던 카데시 전투Battle of Qadesh를 들 수 있다. 이보다 앞선 제18 왕조 초기의 왕들은 이 지역의 패권을 두고 당시 이 지역의 패권국 가였던 미탄니와 경쟁했다. 이런 상황에서 시리아-팔레스타인 지역에 대하여 누비아와 같이 직접적인 식민지화 정책을 추진하기에는 무리가 있었다.[11] 이집트의 왕들은 자신들에게 우호적인 현지 도시국가의 왕에게 통치를 위임하는 한편, 감독관과 소수의 주둔군을 파견하여 이들의 동태를 감시·견제하는 방법을 선호했는데 이들 군소 종속국dependent state의 노회한 왕들은 강대국의 틈바구니 속에서 자신들의 정치적 생존과 국익을 위해 자신의 정치력과 외교력을 최대한 활용했다.[12]

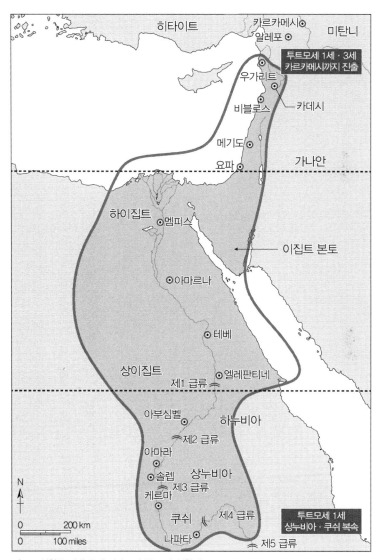

지도 1 신왕국 시대 초기 이집트의 영토 및 영향권

제1장 배경정보

그림 3 해양민족을 무찌르는 람세스 3세
테베 서안의 메디넷 하부Medinet Habu에 위치한 람세스 3세의 장제전 동북쪽 외벽에 새겨진 해양민족
과의 전투 장면. 삼각주 해안지대에서 전개된 이 전투는 재위 8년에 발생했다.

강력한 영토 국가로서의 이집트의 위상은 신왕국 시대 말기부터 급격히 약화되기 시작했다. 제19 왕조의 메렌프타Merenptah(기원전 1213~1203년)와 제20 왕조의 람세스 3세Ramesses III(기원전 1184~1153년) 재위기간에는 고대 서아시아의 청동기 시대를 사실상 끝장낸 해양민족Sea Peoples의 침략이 있었다(그림 3). 아나톨리아의 히타이트를 비롯해 지중해 동부와 시리아-팔레스타인 지역을 초토화시킨 해양민족의 공세는 이집트에서 멈추었지만(지도 2)[13] 그동안 지중해와 메소포타미아 전역을 아우르던 국제적인 교역망이 붕괴되면서 이집트의 국제적 지위와 경제력 역시 쇠퇴하게 되었으며, 결국 이집트는 리비아와 누비아의 지배층에 의해 남북이 다시 분단되는 제3 중간기에 돌입하게 되었다.

이후 삼각주 지대 사이스Sais에 근거지를 둔 제26 왕조 시대에 이르러 이집트는 정치·경제·외교·문화·예술 등 모든 부문에서 마지막 번영의 시대를 누렸지만 페르시아Persia의 침입을 받으며 이 번영의 시대 역시

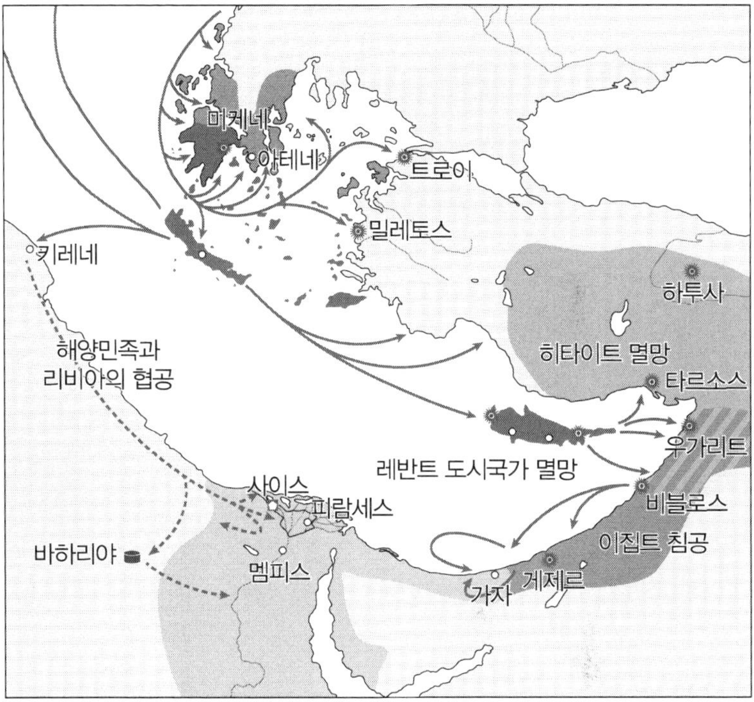

지도 2 해양민족의 발원지 및 침략 경로

해양민족은 미케네 지역에서 발생한 정치적 소요로 인해 지중해·레반트·이집트 지역으로의 대량 이주를 감행한 것으로 추정되며 이집트에 대한 본격적인 침공은 제19 왕조의 메렌프타와 제20 왕조의 람세스 3세 재위기간에 발생했다. 해양민족의 침입으로 지중해 동부, 히타이트 제국, 시리아-팔레스타인 해안 지역의 도시국가 대부분이 멸망했으나 이집트에서는 이집트군이 (리비아 부족과) 해양민족의 침략을 성공적으로 방어하며 압도적인 승리를 거두었다.

갑작스럽게 막을 내리게 되었다. 제30 왕조(기원전 380~343년)의 왕들이 토착 왕조의 명맥을 간신히 유지했으나 기원전 343년 페르시아 아케메네스 왕조의 아르타크세르크세스 3세 오쿠스Artaxerxes Ⅲ Ochus(기원전 343~338년)가 왕위에 오른 후 국력을 결집하여 이집트를 다시 정복하면서 제30 왕조의 마지막 파라오 넥타네보 2세Nectanebo Ⅱ(기원전 360~343년)를 끝으로 이집트인이 이집트인을 다스리는 파라오 시대는 마침내 막을 내리고 말았다.

고대 이집트에서의 JUS AD BELLUM, '전쟁의 정당한 명분'

제 2 장

고대 이집트에서의 JUS AD BELLUM, '전쟁의 정당한 명분'

파라오 시대 기간 중 왕이 주도한 모든 침략 · 방어전쟁은 결론부터 말하자면, 예외 없이 모두 정당한 전쟁just war 더 나아가 '성스러운 전쟁sacred war'으로 여겨졌는데,[1] 이때 '전쟁의 정당한 명분' 혹은 '개전권'은 (1) 창조주에 의해 확립된 우주질서인 '마아트'의 본질, (2) 이 우주적 질서 속에서의 이집트라는 국가의 위치, (3) 신성한 왕권divine kingship의 담지자인 파라오의 국가 수장빨長으로서의 역할 등 크게 세 가지 정치철학적 원리에 의해 이집트 내부에서 보편적으로 공인되고 행사되었다. 요컨대, 이집트에서 우주적 질서인 마아트와 전쟁은 동전의 양면과 같이 밀접하게 연관되어 있었다고 할 수 있다. 그렇다면 국가가 수행한 모든 전쟁이 정당한 전쟁으로 규정되는 데 핵심적인 역할을 수행했던 세 가지 정치철학적 원리는 무엇이었으며 그 작동방식은 어떠했는지를 이제부터 하나씩 구체적으로 살펴보자.

마아트의 본질

우선, 창조주에 의해 확립된 우주질서인 마아트가 무엇인지부터 정의되어야 한다. 이집트인들은 마아트를 자연에 내재한 힘, 그중에서도 가장 근원적인 힘으로서 파악했다. 또한 창조된 세상이 태초 이후 지금과 같이 질서 잡힌 상태로 존재할 수 있는 것은 창조주의 의지에 따라 창조작업의 과정에서 마아트가 생겨났기 때문이다. 따라서 창조된 세계의 모든 힘과 구성 요소(물질)는 필연적으로 마아트의 지배를 받는다.

이와 같은 지배 · 종속 관계를 통해 자연계의 힘들과 요소가 원래부터 정해진 제자리[定位]에 놓임으로써 밤낮의 운행과 계절의 변화 등과 같은 세상의 질서가 구현되게 하는 보이지 않는 힘(원리)이며 동시에 이렇게 구현된 질서를 상징한다. 우주적 차원에서 마아트는 보편적 질서를 의미했으며 이는 서구 철학의 자연법natural law 혹은 동양 철학의 천리天理와 유사한 개념이라 할 수 있다. 한편, 지상의 인간세계에서 마아트는 모든 구성원들에게 고루 적용되는 보편적인 기본 질서로서 사회적 관계망 속에서의 조화를 통해 구현되었다.[2]

마아트의 또 다른 특징은 마아트가 신적인 질서임에도 불구하고 견고하고 항구적인 구조적 질서가 아니라 끊임없이 훼손될 가능성에 노출된 취약한 질서로 인식되었다는 점이다. 이와 같은 발상은 이집트인들이 가지고 있었던 '부정적 우주관negative cosmology'이라는 세계관에 기인하는데, 이 세계관에 따르면 창조된 우주의 질서는 스스로 유지될 수 없다. 요컨대, 창조주가 만든 우주가 조화롭고 질서 있게 유지되기 위해서는 신들을 비롯한 우주 안의 모든 구성원들이 지속적인 노력을 투입해야 했다.

마아트가 스스로 존속될 수 없는 이유는 이집트의 창세신화에서 찾을 수 있다. 이집트인들은 우주가 창조되기 전부터 자재自在했던 혼돈, 즉 태초의 바다Primeval Ocean가 창조주가 우주를 창조한 후에도 사라지지 않고 질서 잡힌 세계의 영역 밖에 여전히 존재하면서 마아트를 잠식할 기회만을 호시탐탐 노리고 있다고 생각했다. 그러므로 신들의 부단한 노력만이 우주가 다시 혼돈의 심연으로 빠지게 되는 것을 막을 수 있었다. 이와 같은 관점에서 보자면 현재의 세계는 혼돈과 질서 사이의 평형equilibrium, 혹은 길항拮抗하는 두 힘 간의 역동적 긴장관계dynamic tension에 의해 유지되고 있다고 할 수 있다.

이집트라는 국가의 종교적 위상

이집트인은 마아트가 우주가 창조된 궁극적 목적이라고 생각했다. 요컨대, 마아트는 창조주에게 있어 우주를 창조하게 했던 동기 혹은 창조의 목적 그 자체라 할 수 있다.[3] 그런데 부정적 우주관의 관점에서 마아트의 대척점인 '이제페트izefet'가 존재했다. 이제페트는 '불의'·'거짓'·'혼란' 등을 두루 의미했으며 우주적 질서를 위협하는 모든 존재를 포괄했다.

'마아트 대 이제페트'라는 이런 이분법적 사고방식은 우주적 차원에서뿐만 아니라 지상의 국제관계에도 그대로 반영되었는데, 이집트인들에게 자신들의 주변을 둘러싸고 있는 이민족들, 곧 남부의 누비아, 동북부의 아시아, 즉 오늘날의 시리아-팔레스타인 지역과 메소포타미아 지역 그리고 서부의 리비아 지역의 거주민들은 모두 인간세계에서 마아트가 가장 이상적으로 구현된 이집트를 위협하는 적대적인 요소로서 이제페트의 구현체였으며 마아트의 적으로 여겨졌다.[4]

역설적이게도 외국인에 대해 배타적인 시각을 가지고 있는 이집트가 인종적으로 동질적이었던 적은 한번도 없었다.[5] 그 이유는 이집트가 아프리카와 지중해, 그리고 서아시아를 잇는 교통의 요충지였기 때문이다. 선사시대의 이집트 토착민은 나일강 유역에 거주하던 선주민 – 만약 이런 현대적 개념에 부합하는 집단이 존재했다면 – 과 신석기 시대 말기까지 사하라 사막과 수단, 그리고 시리아–팔레스타인에서 이주하여 정착한 사람들로 구성되었을 것이다. 이후 역사시대에도 상인·용병·난민·전쟁 포로 등 수많은 외부인이 이집트 사회로 편입되었으며 한두 세대 만에 새로운 정착지의 환경과 문화에 완전히 동화되었다.[6]

이렇게 동화된 이주민들은 출신과 인종에 따른 차별 없이 능력을 인정받고 계층상승을 이루었던 것으로 추정된다.[7] (동화된 이주민을 비롯한) 이집트인들과 주변의 외국인들을 구분해주는 기준은 지리적 환경과 언어, 생활양식 그리고 문화적 정체성에 기반한 우월감이었다. 그리고 이런 우월감은 '문명화된 우리we-civilized'와 '야만적인 그들they-barbarian'이라는 이분법적 구분을 가능하게 했으며 이런 이분법적 사고는 마아트를 중심으로 하는 세계관과 맞물려 외국인들을 '인간'의 기준에 미달하는 '일종의 인간 이하의 존재subhuman'로 간주하는 것까지 가능하게 만들었다.[8]

이처럼 이집트 사회의 이런 개방성과 포용성에도 불구하고 마아트에 기반한 주변부의 외국인들에 대한 공식적인 문헌상의 언급이나 조형예술에서의 도상은 일관되게 적대적이고 부정적이었다. 우선, 이집트를 둘러싼 불의한 외국인들이 하나의 동아리로 취급되는 경우에는 '열방列邦의 적'을 뜻하는 '아홉 활Nine Bows'이라는 용어가 사용되었다.

고대 서아시아의 전투에서 활은 기원전 12000~9000년경부터 사용되기 시작했는데,[9] 원거리에서 적을 살상할 수 있는 가장 강력한 무기로 널

그림 4 파손된 람세스 2세의 입상 발 아래 묘사된 아홉 활(by JI FilpoC, CC BY—SA 4.0)

리 선호되었다. 이 때문에 이집트에서는 여타 민족을 상징하는 기호/문자로 채택되었다. 또한 이집트에서 아홉은 복수複數를 의미하는 3의 복수로서 총체성totality을 상징한다.[10] 조형예술을 통해 '아홉 활'의 개념이 형상화되는 경우, 고왕국 시대 제3 왕조 조세르Djoser(기원전 2667~2648년)의 입상에서 신왕국 시대 제18 왕조 투탕카멘Tutankhamun(기원전 1336~1327년)의 샌들에 이르기까지, 그리고 심지어 이 '아홉 활'의 일원이었던 누비아 출신의 제25 왕조 파라오 타하르카Taharqa(기원전 690~664년)의 입상에서조차 이들 9개의 활은 왕의 발 밑에 밟혀 복속된 것으로 묘사되었다.

아울러 '아홉 활'을 구성하는 외국인들뿐만 아니라 이들이 거주하는 지역 역시 이집트에 비해 모든 것이 부족한 황량한 곳으로 묘사되는데,[11] 제1 중간기를 배경으로 하는 미래의 왕을 위한 교훈서인 『메리카레 왕을 위한 교훈서The Teaching for King Merikare』에서 그 전형적인 묘사를 살펴볼 수 있다.

『메리카레 왕을 위한 교훈서』 *(p.Petersburg 116A, E91-93)*

변방의 족속들에 대해서는 이렇게 말할 수 있다.

사악한 아시아인, 그것은 그가 사는 곳의 고통이다 – 물이 부족하고,

많은 나무로 (길이) 막히고, 그곳의 많은 길들이 산들 때문에 (통행이) 어렵다.

그는 절대로 한 장소에 머무는 법이 없으니 먹을 것이 없어 언제나 유랑

한다.

이에 반해 이집트는 일종의 신국神國, god-given nation 으로서 창조주에 의해 최초로 구현된 (질서잡힌) 공간이자 신들과 인간, 그리고 인간과 인간 사이에 완벽한 조화가 실현된 마아트의 영역이었다. 이와 같은 국가관은 신성한 왕권과 분리될 수 없는 한 쌍을 이루는데, 통일된 영토국가가 수립되기 위해서는 신성한 왕권이라는 개념이 서사·의례를 통해 구체화되고 이를 바탕으로 정치적으로 절대적 왕권이 실현되어야 하기 때문이다. 환언하자면, 왕권이란 통일된 영토국가를 위한 전제조건이면서 그러한 국가를 통해 강화되는 제도, 즉 국가의 필요충분 조건이었다고 할 수 있다.

국가라는 개념은 현대를 사는 우리에게는 너무나 익숙하여 때로 거부감조차 들 때가 있지만 문명의 초창기에 최초의 국가를 설립했던 고대 이집트인들, 특히 지배계층에게는 국가라는 새로운 개념을 정립하고 세련되게 발전시켜 이를 피지배계층, 특히 통일전쟁에서 패배한 초기 도시국가 연합체의 주민들에게 납득시키는 것이 무엇보다 중요했다. 도시국가 혹은 그 연합체의 주민들이 파악할 수 있는 범위를 초월한 새로운 규모의 정치체제를 이해시키고 적응시키기 위해서는 새로운 이데올로기, 즉 '국가관'이 필요했던 것이다.

그런데 이집트인들이 이 과정에서 고안해 낸 국가관은 오늘날의 우리

가 생각하는 그것과는 상당한 차이를 보인다. 현대의 국가는 "일정한 영토와 그곳에 있는 거주민으로 구성되고, 주권에 의한 하나의 통치조직을 가진 집단"으로 정의된다. 그러나 이집트인들에게 국가, 즉 이집트는 창조주가 혼돈 속에서 창조해낸 우주와 그 우주가 필연적으로 구현하는 우주적 질서가 인간계에 실현된 유일한 장소였으며, 따라서 지상에서의 권력은 그 우주적 질서를 인간 사회에 반영·실현·유지해야 할 필요가 있었다.

아울러 우주적 질서가 반영된 국가를 다스릴 권리, 즉 왕권은 우주의 지배자인 창조주가 지상의 지배자인 왕에게 양도한 신성한 것이었으며, 이와 같은 신성한 권리를 행사하는 왕 역시 신성한 존재, 즉 신의 일원일 수밖에 없었다. 그러므로 단순한 영토와 주권의 정치철학적 개념을 넘어서는 이런 종교적 교의dogma로서의 국가관에서 국력이 스스로를 방어할 수 없을 정도로 약해지거나 외부의 세력으로부터 침공당하는 사태는 이집트로 대변되는 우주의 질서가 위협당하는 것이었으며, 궁극적으로는 마아트와 이제페트 간의 역동적 긴장관계가 붕괴되어 우주 전체가 혼돈의 심연 속으로 빨려 들어가는 최악의 결과로 여겨졌다.

국가위기의 형태로 나타나는 마아트의 붕괴는 중왕국 시대부터 본격적으로 창작되기 시작한 '재앙문학catastrophe literature' 장르에 속하는 서사문학 작품에 생생하게 묘사되어 있다. 그 대표적인 작품 중 하나인 『이푸웨르의 경고Admonitions of Ipuwer』에서 현자 이푸웨르는 이집트 내부에서 마아트가 붕괴한 상황에서 외국인들이 침입하는 상황을 다음과 같이 예언한다.

고대 이집트 전쟁론_개전권과 교전법을 중심으로

『이푸웨르의 경고』(*p.Leiden 344*, 3.1)

진실로, 붉은 땅이 온 땅을 덮었노라, 사막은 황폐해지고,
바깥 이방의 무리가 검은 땅으로 왔구나.[12]

파라오의 신성한 의무

이런 맥락에서 특히 신왕국 시대부터 부각되기 시작한 왕의 상무적(尙武的) 역할, 다시 말해 패배를 모르는 용맹스러운 전사로서 인간세계에서는 이집트 국경을 둘러싼 외적들을 제압하고 우주적 차원에서는 신성한 질서를 어지럽히는 혼돈의 세력을 퇴치하는 최고 사령관으로서의 역할은 사회 각 구성원들 사이의 조화로운 관계를 구현하는 판관 혹은 최고위 정치 지도자로서의 역할, 그리고 신들의 세계와 인간의 세계를 매개할 수 있는 유일한 존재로서 신들과 인간 간의 평화로운 공존을 유지하는 동시에 신들의 축복을 통해 이집트의 풍요를 보증하는 최고위 신관으로서의 역할과 함께 이 신성한 왕권을 실현하는 가장 중요한 수단으로 여겨졌다.

"전쟁은 정치를 다른 수단으로 계속하는 것"이라고 말한 것으로 유명한 프로이센의 군사 사상가 카를 폰 클라우제비츠Carl von Clausewitz (1780~1831년)는 그의 대표작 『전쟁론Vom Kriege』에서 "전쟁은 단순히 정치적 행위가 아니라 진정한 정치적 수단이고 다른 수단을 통해 실행되는 정치적 교류의 연속"이라고 정의한 바 있는데,[13] 이집트인들의 관점에서 이를 신적 질서를 포괄하는 종교의 영역까지 확장한다면 전쟁, 더 정확히 말해 파라오가 수행하는 모든 정당한 전쟁은 신성한 왕권과 불가분의 관계에 있을 수밖에 없다는 사실을 어렵지 않게 이해할 수 있다.

결론적으로 전쟁은 왕의 의무이면서 동시에 권리였다고 할 수 있는데, 이와 같은 인식은 중왕국 시대 제12 왕조의 가장 강력한 통치자였던 센와세레트 3세Senwosret III(기원전 1870~1831년)를 위해 창작된 『센와세레트 3세 찬가Hymn to Senwosret III』에서도 찾아볼 수 있다.

『센와세레트 3세 찬가』(*Kahun*, pl. 1, 1-5)

찬양 드립니다 카카우레[왕의 즉위명], 우리의 호루스, 신성한 형상이시여,

땅을 보호하시며 그 국경을 넓히시는 이여,

그의 왕관으로 이방을 치시는 이여,

그 팔의 능력으로 두 땅을 품어 안으시는 이여,

그의 팔로 이방을 [물리치시는 이여.][14]

한편, 조형예술에서 왕국의 국경을 방어하고 불의한 외세의 위협으로부터 이집트를 보호하는 신성한 역할을 수행하는 군주를 구현할 때 사용되었던 대표적인 모티프로는 (1) '승리를 거둔 왕'의 모티프, (2) 스핑크스sphinx 모티프, (3) 전차전chariot warfare 모티프 등을 들 수 있다. 앞서 〈나르메르 화장판〉에서 살펴본 바 있는 '승리를 거둔 왕'의 모티프는 파라오를 이방의 정복자로 묘사한 가장 오래된, 동시에 가장 오랫동안 사용되었던 모티프다.

이 모티프는 이집트가 통일되기 전인 기원전 3600~3100년(나카다 2기)에 조성된 것으로 추정되는 히에라콘폴리스Hierakonpolis의 '채색 분묘Painted Tomb' 혹은 '100번 분묘Tomb 100'에서 이미 발견되며(그림 5), 이후 모든 왕조에서 왕권의 상징 중 하나로서 로마 지배기(기원전 30년~기원후 395년)까지 사용되었는데,[15] 이집트 남부 에스나Esna의 크눔 신전Temple of Khnum에 묘사

고대 이집트 전쟁론_개전권과 교전법을 중심으로

그림 5 히에라콘폴리스 채색 분묘의 벽화

된, 데키우스Decius(249~251년) 황제가 곤봉을 들고 이집트의 적들을 내리치려고 하는 모습이 이집트 역사상 마지막으로 새겨진 '승리를 거둔 왕'의 모티프이다.

두 번째, 스핑크스 모티프에서 파라오는 몸은 사자이고 머리는 사람인 호국신護國神 스핑크스로 변신하여 네 발로 적을 짓밟는 모습으로 묘사된다. 가장 대표적인 예 중 하나로 센와세레트 3세의 다슈르Dahshur 피라미드 단지에 조성된 왕녀 메레레트Mereret의 분묘에서 발견된 가슴장식pectoral을 들 수 있는데, 여기에는 왕이 매의 머리에 사자의 몸을 한 그리핀griffin으로 변신해 남부 누비아와 북부 셈족을 붙잡고 짓밟는 모습이 묘사되어 있다.

또 다른 예로는 신왕국 시대 제18 왕조의 하트셉수트Hatshepsut(기원전 1473~1458년)가 데이르 엘-바흐리Deir el-Bahri에 조성한 장제전의 하층 주랑lower colonnade 북쪽편에 새겨진 부조를 들 수 있다. 여기에도 스핑크스로 변신한 여왕이 중왕국 시대의 머리 장식과 동일한 구도로 적을 짓밟는

제2장 고대 이집트에서의 JUS AD BELLUM, '전쟁의 정당한 명분'

모습이 형상화되어 있다. 또한 테베 서안에 위치한 아넨Anen의 귀족분묘
(TT 10)의 벽에는 같은 왕조의 아멘호텝 3세와 대왕비가 옥좌에 나란히 앉
아 있는 장면이 채색 벽화로 그려져 있는데, 파라오가 앉은 옥좌의 옆면
에는 앞서 언급된 것과 동일한 스핑크스 모티프가 구현되어 있으며 그 아
래 단에는—즉, 왕의 발 아래에는—주변의 여러 민족에게 적용되었던 전
형적인 포즈, 즉 이집트의 남부와 북부를 각각 상징하는 수련과 파피루스
에 목이 묶이고 손이 뒤로 포박된 채 무릎을 꿇고 앉아 있는 모습으로 묘
사되어 있다(그림 6).[16] 한편, 투탕카멘의 왕묘(KV 66)에서 발견된 채색상자의
옆면에도 동일한 모티프가 발견된다.

　세 번째, 전차전 모티프는 기원전 16세기 말과 전차가 서아시아로부터
도입되기 시작한 제2 중간기 이후부터 전쟁 지도자로서의 왕의 면모를 과
시하는 가장 대표적인 도상圖像, iconography으로 자리 잡았다. 가볍고 선회

그림 7 전차를 탄 채 청동 주괴에 활을 쏘는 아멘호텝 2세(by Olaf Tausch, CC BY 3.0)

력이 뛰어난 이집트의 전차는 주로 적진 깊숙이 접근하여 활을 쏘고 재빠르게 빠지는 전략에서 중심적인 역할을 수행했으며, 대개 한 명의 기수와 한 명의 궁수가 탑승했다.[17] 그러나 왕이 탑승하는 장면에서 기수는 거의 언제나 묘사되지 않았다. 대신 두 마리의 말을 조정하는 고삐는 왕의 허리춤에 묶인 것으로 처리되었으나 실제로 이런 방식으로 전차를 운용하는 것은 불가능했다.[18]

전차전 모티프의 가장 대표적인 예로는 제18 왕조의 아멘호텝 2세 Amenhotep II(기원전 1427~1400년)가 전차에서 청동 주괴鑄塊, ingot로 제작된 표적에서 활을 쏘는 장면이 새겨진 붉은색 화강암 석비를 들 수 있다(그림 7). 이 석비는 이후 카르낙 대신전 세 번째 탑문塔門, pylon의 충전재로 사용되었다.[19] 아울러 투트모세 4세Thutmose IV(기원전 1400~1390년)의 왕묘에서는 앞서 언급한 옥좌의 옆면뿐만 아니라 전차의 양측면도 함께 발견되었는데 오른쪽 면에는 매의 머리를 한 전쟁의 신 몬투Montu와 함께 전차에 탑승한 왕이 적들을 향해 화살을 쏘는 장면이, 왼쪽 면에는 왕이 전차 위에서 북부 시리아-팔레스타인 적들의 머리채를 잡고 도끼로 이들을 처단하기 직전의 '승리를 거둔 왕'의 모습이 각각 새겨져 있다. 이외에도 투트모세 3세·람세스 2세·람세스 3세 등 이집트의 역사에서 중요한 전쟁을 수행했던 왕들은 물론, 아멘호텝 4세/아켄아텐Amenhotep IV/Akhenaten(기원전 1352~1336년)이나 투탕카멘 등과 같이 별다른 전과가 없었던 왕들조차 전차를 모는 모습으로 자신들을 묘사하게 했다.

군대의 선두에 서서 이집트를 수호하는 파라오의 신성한 역할을 묘사하기 위해 사용된 이들 모티프에서 가장 주목해야 할 특징은 전쟁의 수행에 있어 왕에게 집중된 독보적인 지위와 역할이라 할 수 있다.[20] 파라오가 전사로 형상화되는 모든 상징적 도상에서, 그리고 카데시 전투와 같이 전쟁의 주요 장면들이 시각적 서사의 방식으로 구체적으로 묘사되는 경우에 있어서조차 왕은 대개 홀로 적에 맞서며 전쟁 전체를 주도하는 초인적인 인물로 구현되는데, 이와 같은 구도는 왕이 신전의례를 홀로 집전하는 모습과 비견될 수 있다.

탑문과 같은 신전 외벽에 '승리를 거둔 왕'이나 전차전 모티프가 새겨졌다면, 세계의 중심이자 신국인 이집트를 상징하는 신전의 경내에는 인간세계에서 유일하게 신들과 접촉할 수 있는 자격을 갖춘 신-왕god-king 파라오가 국가신과 신전의 주신을 위해 일상적으로 수행되었던 신전의례와 정기적으로 치러졌던 신전축제를 주관하는 장면이 새겨졌다. 이를 통해 우주적 질서, 즉 마아트를 유지하는 데 필요 불가결한 파라오의 두 가지 신성한 의무인 의례와 전쟁이 실은 같은 차원 혹은 범주에 속하는 거울상mirror image의 관계에 있다는 것을 여실히 보여준다.

고대 이집트 전쟁론_개전권과 교전법을 중심으로

왕이 전국에 산재한 신전에서 거행되는 모든 의례와 축제를 주관하는 것은 물리적으로 불가능하다. 따라서 의례와 축제는 대개 신관들에게 위임된다. 마찬가지로 왕이 홀로 적의 군대를 상대하는 것 역시 물리적으로 불가능하다. 실제 전투와 병참업무는 수많은 장교와 사병들에 의해 수행된다. 그러나 파라오가 전쟁과 의례라는 신성한 의무를 수행하는 것을 묘사한 도상에서 왕은 이들 업무를 홀로 수행한다. 이것은 마아트가 본질적으로 평등 지향적인 사회정의보다는 위계적인 질서를 대변하는 것만큼 마아트를 수호하는 의무 역시 — 적어도 지상에서는 — 왕이라는 하나의 정점으로 수렴하기 때문이다.

종교적 의무만큼이나 신성한, 마아트를 위한 투쟁의 의무를 수행하는 독보적이고 대체 불가능한 최고 사령관으로서의 파라오의 이미지는 조형예술에서는 물론, 왕이 직접 전투를 지휘한 것을 기록한 사료에서도 발견된다.[21] 일례로, 메기도 전투Battle of Megiddo를 지휘했던 투트모세 3세에 대한 사료에 따르면,[22] 왕은 언제나 용감하면서도 사려 깊고 공정한 지휘관으로 그려지는 반면, 그를 수행하는 지휘관들은 우유부단하고 소심한 인물로 그려진다.

당시 이집트는 시리아—팔레스타인의 패권을 두고 시리아 북부의 강국 미탄니와 경쟁하고 있었으며 미탄니의 지원을 받고 있던 카데시를 비롯한 도시국가의 수장들은 북상하는 이집트 군을 맞아 메기도에 집결해 있었다. 카데시를 필두로 한 도시국가 연합군들이 메기도 외곽에 진을 치고 있다는 첩보를 입수한 투트모세 3세는 병사들이 좁은 계곡지대를 일렬로 행군할 수밖에 없는 아루나 협곡Aruna Pass을 통과하여 메기도를 급습하는 전략을 제안했으나(지도 3) 그의 참모들은 보다 신중하게 접근할 것을 조언했다. 이에 왕은 참모들에게 다음과 같이 말하며 쐐기를 짓는다.[23]

제2장 고대 이집트에서의 JUS AD BELLUM, '전쟁의 정당한 명분'

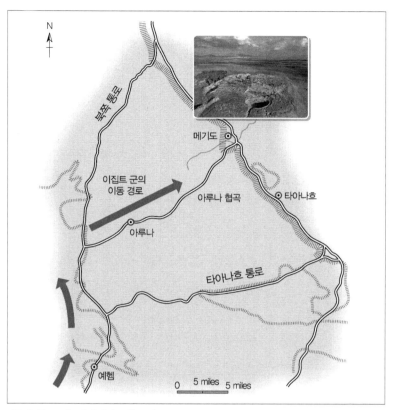

지도 3 투트모세 3세의 메기도 침공 경로

(투트모세 3세) 『**연보**』 (*Urk. IV*, 651.40-46)[24]

태양신께서 짐[투트모세 3세]의 아버지로서 짐을 사랑하시고 아문께서
짐을 어여삐 여기사 짐의 코가 생명과 권세로 새로워지는 한, 짐은 이
아루나 통로를 통과할 것이니라. 너희 중 너희가 말한 (다른) 길로 가고
자 하는 자는 그리하라. 너희 중 짐을 따르려는 자는 그리하라. 그렇지
않다면 태양신께서 혐오하시는 적들이, "폐하께서는 우리가 두려우셔서
다른 길로 가시었나" 할 것이다. 그들은 그리 말할 것이다.

여기서 투트모세 3세는 매복당할 위험이 높은 만큼 성공의 가능성도 높은 대담한 작전을 구상하고 실행에 옮기는 영웅적인 야전군 사령관으로 묘사된다. 그는 또한 기회가 있을 때마다 병사들 앞에서 전투를 독려하는 '연설Feldherrnrede'을 하여 군대의 사기를 높이는 한편, 스스로 공격의 선봉에 서는 모습을 보여줌으로써 군을 장악하고 전쟁을 주도하는 독보적이고 대체 불가능한 최고 사령관으로서의 면모를 과시한다.

이와 같은 서사는 람세스 2세의 경우에도 그대로 반복되는데 카데시 전투를 기록한 『일지Bulletin』에서 왕은 마치 전쟁신 몬투가 지상에 현현한 모습으로 묘사된다.[25]

(람세스 2세) 『일지』 (L1 + L2, §§4-6)

카데시 남쪽 언덕 위의 군영에서 폐하[람세스 2세]께서 생명 · 번영 · 강건 속에서 온전히 기침起枕하심이라. 그 후 일출의 때가 되자 폐하께서 그의 아버지 몬투의 갑주甲冑를 취하신 후 태양이 떠오르는 것처럼 나타나심이라.

야전 사령관으로서의 왕의 당당한 모습은 이어지는 전투에 대한 묘사에서 한층 강화되는데 – 심약하고 비겁한 자신의 장교와 병사들이 모두 도주함으로써 – 전장에서 고립된 왕은 무수한 적을 홀로 무찌르며 기적에 가까운 승리를 거둔다. 그러나 이와 같은 위기는 실제로는 자신의 실책 때문에 초래된 것이다. 카데시로 진군하던 중 히타이트 군의 척후병이었던 샤슈Shasu족이 일부러 포로가 되어 히타이트 군이 카데시에서 멀리 떨어진 곳에 주둔해 있다는 거짓정보를 흘리자 람세스 2세는 별다른 의심 없이 자신의 군대를 진군시키다 매복해 있던 히타이트군의 기습을 당하

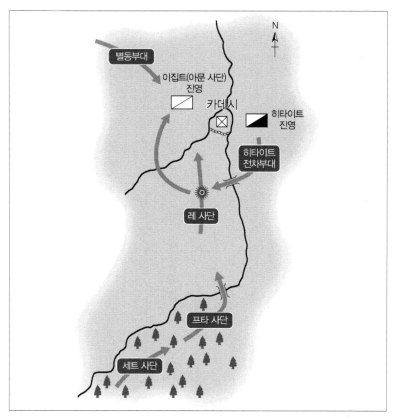

지도 4 카데시 전투 경과

람세스 2세가 선봉부대인 아문 사단과 함께 이번 전투의 최종 목적지인 카데시 인근에 숙영지를 구축하고 있을 때 레 · 프타 · 세트 사단이 차례로 대오를 이루며 전진하고 있었다. 이때 2,500대의 히타이트 전차가 강을 따라 북쪽으로 느리게 전진하고 있던 레 사단의 측면을 기습했다. 일거에 궤멸에 가까운 타격을 입은 레 사단은 혼비백산하여 북쪽으로 뿔뿔이 흩어졌는데, 이때 도주하는 레 사단의 보병들을 추격하던 히타이트의 전차부대가 람세스 2세가 머물던 본진까지 들이닥쳤다. 그러자 아문 사단의 보병들마저 대오를 이탈하기 시작했는데 셰르덴 친위부대(그림 15)를 비롯한 소수의 군인들과 분전하던 람세스 2세는 때마침 동북쪽에서 도착한 최정예 별동부대에 힘입어 기적적으로 위기에서 벗어날 수 있었다.

게 되었다(지도4).

　그러나 이와 같은 위기는 오히려 왕의 초인적인 전사로서의 면모를 부

각시키는 전화위복의 계기가 되는데, 적군에 의해 포위된 왕은 다음과 같

은 행동을 취한다.

(람세스 2세) 『일지』 (L1 + L2, §§84-86)

그러자 폐하[람세스 2세]께서 그것을 보시고는 그들에 대해 그의 아버지 몬투, 테베의 주와 같이 진노하시고는 황급히 일어나시더니 그의 갑옷으로 성장盛裝하시고자 갑주를 취하셨다. (이때) 그는 승리의 순간의 세트와 같았다.[26]

그리고 폐하께서 그의 웅장한 병거용 전마 '테베의 강자'(가끄는 병거)에 오르시고는 혈혈단신으로 황급히 돌진하셨다.[27] 폐하께서 승기를 잡으실 때 그의 심장은 완강하니 그 누구도 그 앞에 설 수 없었다. (그가 지나간) 모든 자리가 불길로 타오르니 이는 폐하께서 불같은 그의 숨결로 모든 이방을 태워버리셨기 때문이라. 폐하께서 그들을 보실 때 그의 두 눈은 사나웠으며 그의 장엄함은 그들을 향해 불처럼 타올랐다. 폐하께서 백만의 이방인들을 심중에 두지 않으시니 그들을 마치 왕겨처럼 보셨다.[28] 이제 폐하께서 하티의 패자覇者들로 이루어진 적과 그들과 함께 있던 많은 이방(연합군) 가운데로 들어가시니, 폐하께서는 거대한 완력의 소유자 세트 같으셨으며 폭풍의 순간의 세크메트 같으셨다. 폐하께서 하티의 패자의 모든 군대와 그의 모든 궁인과 그의 모든 형제와 그와 함께 온 열방의 모든 왕들을 도륙하시니 그들의 군대와 병거가 하나하나 엎어졌으며, 폐하께서 그들의 자리에서 그들을 죽이시니 그의 말 앞에서 그들이 곤두박질치며 도주했다. (이때) 폐하께서는 단신이셨으며 그의 곁에는 아무도 없었다.

그리하여 폐하께서 하티의 패자들로 이루어진 적을 (마치) 악어들이 오론테스강의 물 속으로 들어가는 형국으로 하나하나 엎어지게 하시니[29] 그

제2장 고대 이집트에서의 JUS AD BELLUM, '전쟁의 정당한 명분'

때 짐은 그리핀과 같이 그들 뒤에 있었노라. 짐이 열방을 칠 때 짐은 단신이었으며 짐의 군대와 병거는 짐을 버렸으니 그들 중 (단) 하나도 다시 서지 않았노라.[30]

태양신께서 짐을 위해 사시고 짐을 사랑하시는 한, 짐의 아버지 아툼께서 짐을 축복하시는 한, 짐이 언급한 모든 정황과 관련하여 짐이 짐의 군대와 병거 앞에서 진실로 행하였음이라.[31]

람세스 2세의 카데시 『일지』는 신전 벽에 부조로 새겨진 카데시 전투의 장면을 그대로 반영하고 있다(그림 8). 모든 전투장면에서 장교와 병사들은 왕에 비해 현저히 작게 묘사되며 근접전 장면에서 적과 대면하여 적을 제압하는 유일한 주체는 오로지 왕이다. 이처럼 형상과 텍스트가 조응하여 마아트의 수호자로서 전사—왕에게 집중된 독보적인 지위와 역할을 강

그림 8 아부심벨 대신전 내벽에 새겨진, 전투의 선봉에 선 람세스 2세의 부조(이집트박물관)

고대 이집트 전쟁론_개전권과 교전법을 중심으로

조함으로써 그의 신성한 의무, 그리고 그가 수행하는 전쟁은 일말의 의심 없이 정당한 것으로 받아들여지게 되었다.

한편, 마아트의 화신이자 수호자인 파라오에 대적한 외국의 불의한 적들은 고왕국 시대 이후 예외 없이 손이 뒤로 포박된 채 무릎을 꿇고 앉아 왕에게 짓밟히거나 자비를 구하는 모습, 오랜 굶주림으로 뼈만 앙상하게 남은 모습 혹은 전장에서 몸을 뒤틀고 죽어 있는 모습으로 묘사되었다.[32] 특히 손이 뒤로 포박되고 목도 줄에 묶인 채 꿇어 앉아 있는 모습은 왕의 샌들이나 발 받침대, 좌상이나 입상의 좌대, 옥좌의 옆면 등에 그려지거나 새겨졌는데(그림 6), 이는 이들이 왕의 발 아래 복속되었다는 것을 의미했다.

아울러 신왕국 시대부터는 포박된 적의 상체와 성벽을 상징하는 타원형의 기호를 결합한 형상이 신전의 외벽에 대규모로 새겨졌다. 이때 타원형 안에는 파라오가 원정에서 정복한 국경 밖 도시의 이름이 기입되었는데, 이런 상징은 전사—파라오로서의 왕의 역할을 재차 상기시키는 동시에 이제페트의 편에 있는 외적들이 숙명적으로 이집트의 통제와 지배를 받을 수밖에 없다는 강렬하고 단호한 메시지를 이집트인들과 (이집트를 방문한) 외국인에게 시각적으로 전달하는 역할을 했다(그림 9).

적들이 전쟁터에서 몸이 뒤틀린 채 살해당한 모습을 묘사한 장면은 이집트가 통일왕조를 막 수립하기 시작했던 나카다 3기에 제작된 것으로 추정되는 〈전장 화장판Battlefield Palette〉을 시작으로(그림 10),[33] 제2 왕조 카세켐 위의 좌상 기단부, 그리고 테베 서안西岸 데이르 엘—바흐리에 조성된 중왕국 시대 제11 왕조 몬투호텝 2세Montuhotep(기원전 2055~2004년)의 장제전葬祭殿, mortuary temple에서[34] 발견된 채색 부조, 신왕국 시대 제19 왕조 람세스 2세의 카데시 전투 장면과 제20 왕조 람세스 3세의 메디넷 하부Medinet

그림 9 카르낙 대신전 부바스티스 문 인근의 부조(by Olaf Tausch, CC BY 3.0)

Habu 장제전에 새겨진 해양민족과의 전투장면 등에서 반복되어 등장한다.

외국인들이 굶주리고 초췌한 모습으로 묘사된 예로는 사카라Saqqara에 위치한 고왕국 시대 제5 왕조 우나스Unas(기원전 2375~2345년)의 피라미드 참

그림 10 〈전장 화장판〉

배로causeway에 부조로 새겨진 베두윈Bedouin족의 굶주린 형상을 꼽을 수 있다(그림 11).[35] 나일강이 매년 주기적으로 범람하면서 풍부한 농업용수와 작물에 필요한 영양소를 손쉽게 확보할 수 있었던 이집트의 농부들은 지력地力의 감소에 대한 우려 없이 지속적으로 토지를 경작할 수 있었으며, 이런 이유 때문에 이집트는 주변국가들로부터 언제나 먹거리가 풍족한 나라라는 인상을 심어주었다. 반면, 이집트인들은 본국보다 농업 생산성이 떨어지는 외국을 매우 척박한 땅으로 묘사했는데, 이와 같은 인식은 ─ 앞서 『메리카레 왕을 위한 교훈서』에서 살펴본 것과 같이(p.Petersburg 116A, E91-93) ─ 외국은 '불모지대'이며 외국인들은 자신들보다 열등한 존재라는 고정관념을 가지게 하였다.

　아울러 외국인들, 특히 외국의 왕들은 대체로 육체적·도덕적으로 파라오보다 열등한 것으로 여겨졌는데, 누비아의 총독 우세르사테트Usertatet

제2장 고대 이집트에서의 JUS AD BELLUM, '전쟁의 정당한 명분'

그림 11 굶주린 베두윈족의 모습

가 아멘호텝 2세를 기리기 위해 세운 석비에는 심지어 적국이 여성으로 묘사되었다. 여기서 우세르사테트는 자신의 주군을 다음과 같이 묘사했다(*KRI II*, 70.1-10). "바빌론의 [여종], 비블로스의 하녀, 알랄라크Alalakh의 소녀, 아랍크라Arrapkhra의 노파의 [주](아멘호텝 2세)." 일부 학자들은 석비에서 훼손된 "[주]"를 "(이들을) [범하신 이]violator"로 번역하여 여성화된 이들 국가가 왕에 의해 상징적으로 혹은 주술적으로 성폭행을 당한 것으로 해석한다.[36]

이처럼 외국을 여성으로 비하하는 경우는 메렌프타 치세에 제작된 『아트리비스 석비Athribis Stela』에서도 발견된다. 이 석비에서는 '아홉 활'을 제압하는 왕의 위상이 다음과 같이 표현되었다(*KRI IV*, 21.13). "아홉 활은 왕의 면전에 (늘어앉은) 왕실 사저私邸의 여인들이로다."[37] 외국을 유약한 여성으로 보는 발상은 이후 언급될 『메렌프타의 전승비Victory Stela of Merenptah』에서 "코르는 괭이의 땅으로 인해 과부가 되어 버렸도다"라고 언급하는 부분(*KRI IV*, 19.7)에서도 찾아볼 수 있는데,[38] 오늘날과 마찬가지로 당시에도 남

고대 이집트 전쟁론_개전권과 교전법을 중심으로

성을 여성으로 부르는 것은 '겁쟁이'를 의미했다는 점을 고려할 때 적국 혹은 적군의 여성화는 이들이 가지고 있다고 생각되었던 열등한 형질을 최대한 강조하기 위한 문화적 · 예술적 방편이었다는 것을 알 수 있다.

고대 이집트에서의 JUS IN BELLO, '전쟁의 정당한 수단'

제 3 장

고대 이집트에서의 JUS IN BELLO,
'전쟁의 정당한 수단'

전쟁의 명분이 마아트를 수호하고 이제페트를 소멸시키는 것이라면 이제페트의 구현이라고 할 수 있는 외국의 혹은 내부의 사악한 적들은 가차없이 멸절해야 할 대상이었다. 요컨대, 우주적 정의의 편에 선 쪽은 이집트였기 때문에 이집트인들이 전쟁을 수행하면서 채택했던 모든 수단은 jus in bello, '전쟁의 정당한 수단'으로 여겨졌다. 따라서 이집트인들이 남긴 공식적인 전쟁기록이나 이미지에서 파라오의 적은 언제나 패배할 운명이었으며 독보적인 전쟁수행자인 파라오가 뿜어내는 분노의 화염 속에 '왕겨'와 같이 가뭇없이 사그라질 존재로 그려지는 것이 당연했다.[1]

선전포고

이집트를 비롯한 고대 서아시아의 경우, 적어도 기원전 1500~1200년 무렵의 소위 '강대국 클럽Club of the Great Powers'의 시대에는 국제관계를 규

고대 이집트 전쟁론_개전권과 교전법을 중심으로

정하는 국제법과 유사한 실무적 규범이 존재했던 것으로 추정되지만,[2] 메소포타미아와 달리 이집트에서는 다른 집단 혹은 영토국가에 대하여 전쟁을 공식적으로 선포하는 선전포고의 관례는 발견되지 않는다.[3] 그러나 이집트인들이 선전포고의 관례를 문명화된 것으로는 생각한 것으로 보이는데, 『메리카레 왕을 위한 교훈서』에서는 시리아-팔레스타인들의 호전성과 함께 "전쟁의 날을 보고하지 않는," 즉 선전포고도 없이 전쟁을 일삼는 행태에 대해 다음과 같이 언급하고 있다.

> 『메리카레 왕을 위한 교훈서』 *(p.Petersburg 116A, E93-95)*
>
> 그[아시아인]는 호루스의 때 이래로 싸움질을 하고 있으니
>
> 그가 이기는 법도 없고 그를 정복할 방법도 없다.[4]
>
> 그는 전쟁의 날을 보고하지 않는다,
>
> 마치 동료들조차 내쳐버린 도적처럼.

이 텍스트에서 메리카레의 부왕인 넵카우레 케티 2세Nebkaure Kethy II(기원전 2160~2025년경)는 "아시아인," 즉 시리아-팔레스타인인들은 호전적이며 동료들로부터도 외면당한 "도적처럼" 선전포고를 비롯한 문명화된 전쟁의 규범을 준수하지 않는 사람들이라고 단언한다. 아울러 호전성에도 불구하고 이들이 도발한 전투의 결과는 언제나 실패로 끝나지만 이들을 완전히 복속시키거나 절멸시킬 수는 없다고 생각했다. 주변 민족에 대한 이집트인들의 이런 문화적 우월감은 누비아인에 대해서도 동일하게 찾아볼 수 있다. 『셈나 경계비Semna Boundary Stela』에서 센와세레트 3세는 누비아인들 역시 전쟁의 규범 따위는 무시하며 상황에 따라 손바닥 뒤집듯 태세를 전환하는 비겁하고 신뢰할 수 없는 민족으로 묘사한다.

『셈나 경계비』 (8-12행 = *Lesestücke*, 84, 4-9)[5]

그[후대의 왕]의 국경에서 물러서는 자는 진실로 겁쟁이이니

누비아인은 듣기만 해도 쓰러지기 때문이라,

그[누비아인]에게 응전하면 곧 물러서게 하는 것이라.

그에게 공세를 취하면 그의 등을 보이나 물러서면 그가 공세를 취하니,

결코 존중할 만한 가치가 없는 족속이며 사악하고 심장이 부서진 것들

이라.[6]

짐이 그것을 직접 보았으니 결코 과장이 아니다.

이들 텍스트에서 드러난 문화적 · 민족적 우월감을 감안할 때 이집트
인들이 영토국가가 아닌 도시국가 혹은 부족에게 전쟁의 개시 시점을 고
지하지 않았던 것은 어찌 보면 당연한 귀결이라 할 수 있다. 주변 민족을
상대하는 데 있어 영토국가 간의 전쟁규범보다 더 중요한 것은 왕의 전쟁
수행 능력이었는데, 앞서 살펴본 람세스 2세의 『일지』에서와 같이 왕은 그
누구도 필적할 수 없는 탁월한 전사여야 했다. 이런 완벽한 전사—왕의 이
미지는 상무적 기상이 중시되던 신왕국 시대 이전부터 이미 표상되었는
데, 일례로 이집트 최고의 서사문학 작품으로 평가받는 『시누헤 이야기
Tale of Sinuhe』에 수록된 「센와세레트 1세 찬가Hymn to Senwosret I」에서 전사—
왕의 자질은 다음과 같이 장황하게 묘사된다.

「센와세레트 1세 찬가」 (*p.Berlin 3022*, 51-65)

그는 그의 강한 팔로 행하시는 승자이시라. /

대등한 자가 없는 전사이시니,

사람들이 그가 활잡이들을 공격할 때를 볼 때, /

그가 대적자들에게 접근하는 것을 볼 때,

그는 손을 무력하게 하여 예봉을 꺾으시는 이시니 /

적들은 군대를 모을 수 없음이라.

그는 이마를 쪼개시어 복수를 행하시는 이시니 /

누구도 그 옆에 설 수 없음이라.

그는 도주하는 자들을 치실 때 활보하시는 이 /

그에게 등을 보이는 자에게 끝은 없노라.

그는 물리치시는 순간 꿋꿋하신 이 / 등을 보이지 않을 때 격퇴하시는 이,

그는 대중을 보실 때 심장이 굳센 이, /

그의 심장에 태만함을 두지 않으시네.

그는 멈춘 것을 보실 때 대담하게 행하시는 이, /

활잡이들을 치시는 것이 그의 즐거움이라.

방패를 드실 때가 치실 때이니 / 살육을 되풀이하지 않으시네.

궁수들이 그의 두 팔을 피해 도주하니, /

마치 위대한 여신의 현현과 같도다.[7]

끝을 헤아리시고 전투에 임하시니 / 후사(後事)를 근심하지 않으시도다.[8]

아울러 이상적인 전사—왕은 물리적인 폭력을 전혀 쓰지 않고 그 존재만으로도 외적에게 전투를 수행할 의지를 상실하게 할 만큼의 공포심을 불어넣을 수 있는 위엄을 가지고 있어야 했는데, 이런 무시무시한 군주의 자질은 『센와세레트 3세 찬가』에 다음과 같이 묘사되어 있다.

제3장 고대 이집트에서의 JUS IN BELLO, '전쟁의 정당한 수단'

『센와세레트 3세 찬가』(*Kahun*, pl. 1, 6-8)

(센와세레트 3세는)

곤봉으로 때리지 않고서도 활잡이들을 죽이시는 이여,

시위를 당기지 않고서도 화살을 쏘시는 이여,

그의 공포가 동부의 기둥 족속들을 그들의 땅에서 치신 이여,[9]

그의 공포가 '아홉 활'을 죽이신 이여,

그의 살육으로 그의 국경을 범한 수천의 [이방] 활잡이들에게 죽음을 안

겨주신 이여,

세크메트 여신과 같이 화살을 쏘시는 이여,

그의 권능을 알지 못하는 수천 명을 쓰러뜨리신 이여.[10]

이집트 역사상 선전포고와 가장 유사한 사례로는 제25 왕조의 피예 Piye(기원전 747~716년)가 부하들에게 내린 명령을 들 수 있다. 당시 피예는 북부 사이스에 근거를 둔 테프나크트Tefnakht가 이끄는 리비아 부족 연합의 도발에 맞서 북쪽으로 진격하였으며, 북부의 전통적인 수도이자 전략적 요충지인 멤피스Memphis를 함락시킴으로써 이집트를 세 번째로 통일했다. 일명 『피예의 전승비Victory Stela of Piye』에 기록된, 그가 휘하 장병들에게 내린 명령은 다음과 같다.

『피예의 전승비』(9-13행)

규범에 따라 야간에 공격하지 말라. 보일 때 싸우라. 멀리 떨어져 있을 때 그[적]에게 전투를 고지하라. 만일 그가, "다른 성읍의 보병과 전차를 기다리라"고 한다면 그의 군대가 도착할 때까지 기다리라.[11] 그가 응전할 때 싸우라. 더불어 그의 우군이 다른 성읍에 있으면 그들도 (전투에 합

류할 때까지) 기다리라. 그를 지원하러 온 족장들과 신임받는 리비아의 군대, 그들에게 미리 전투의 의도를 밝혀 말하되, "군대를 소집할 때 무엇을 어찌해야 할지 모르는 이들이여, 그대의 마구간에서 가장 뛰어난 준마에 멍에를 씌우라! 전선에 정렬하라! 그리고 우리를 보내신 신은 (다름 아닌) 아문이심을 알라!"고 이르라.

위 전승비에는 명백한 선전포고로 볼 수 있는 교전규칙이 언급되어 있다. 여기서 염두에 두어야 할 것은 피예가 리비아 연합군과의 전투를 명실공히 '신성한 전쟁sacred war'으로 연출하고자 노력했다는 사실이다. 누비아 출신으로서 이집트 본토에서 군사작전을 수행하는 데 있어 정통성이 부족했던 피예는 이집트의 지배권을 두고 리비아와 격돌하는 상황에서 자신만이 아문 신앙으로 대변되는 이집트의 오랜 종교적 전통을 수호할 수 있다는 명분을 내세우려 했다.

이와 같은 맥락에서 그는 자신의 군대가 남부의 거점도시 테베에 입성했을 때 아문 신을 위한 신전축제를 직접 주관했고 자신의 휘하에 있는 모든 병사들에게 정결례를 치르게 했다. 결론적으로, 그는 자신의 군대를 이른바 "아문의 십자군"으로 만들고자 했으며,[12] 이집트의 역사에서 좀처럼 찾아볼 수 없는- 선전포고를 비롯한- 신사적인 교전규칙을 성실히 준수함으로써 자신의 군사적 행위가 상대에 비해 더 정당한 것이라는 인상을 주고자 했던 것이다.[13]

지금까지 살펴본 것처럼, 마아트를 수호하고 이제페트를 소멸시킨다는 파라오의 신성한 의무가 그 자체로 '전쟁의 정당한 명분'을 제공하는 상황에서 전쟁의 필요성을 새삼 역설하거나 공식적으로 개전을 선포하는 것은 이집트 문화에서는 부차적으로 여겨졌다.[14] 다음의 『투트모세 3세의

제3장 고대 이집트에서의 JUS IN BELLO, '전쟁의 정당한 수단'

무훈시비『Poetical Stela of Thutmose III』에서와 같이 전쟁에 임하는 파라오는 자동적으로 신(들)의 축복과 승리의 약속을 받았는데, 조형예술에서는 대개 왕이 국가신 아문이나 전쟁신 몬투로부터 서아시아에서 전래된 낫이 변형된 언월도偃月刀, scimitar를 받는 모습으로 형상화되었다.

『투트모세 3세의 무훈시비』 (3-7행 = *Urk. IV*, 612.3-613.7)

나[아문]는 그대[투트모세 3세]에게 열방에 대한 권세와 승리를 주리라.

나는 그대의 권능과 그대에 대한 공포를 모든 족속들에게 불어넣을 것이며,

그대에 대한 두려움이 하늘의 네 기둥까지 끝까지 뻗어나가게 하리라.

나는 그대에 대한 외경심을 모든 사지四肢에 드높일 것이며,

그대의 우렁찬 함성이 '아홉 활'을 관통하게 하리라.

열방의 부족장들이 그대의 손아귀에 놓일 것이니,

이는 내가 팔을 뻗어 그대를 위해 그들을 잡아맬 것이기 때문이라.[15]

나는 기둥 족속의 활잡이 수백만과 북부인들 포로 수천만을 족쇄로 채우리라.

그대의 적들이 그대의 발 밑으로 고꾸라지게 만들 것이니,

이는 그대가 반역의 무리와 모반의 무리를 짓밟게 하기 위함이라.

내가 땅을 종횡으로 그대의 손에 붙였으니,

동쪽과 서쪽의 족속들이 그대의 처분 아래 놓였노라.

그대가 열방을 짓밟을 것이니 그대의 심장은 즐거우리라.

그 누구도 감히 그대의 면전에 범접할 수 없을 것이니,

나의 인도로 그대가 그들을 (능히) 제압하리라.[16]

위의 무훈시에서 짐작할 수 있듯 이론적으로 파라오가 수행하는 모든 '성스러운 전쟁'은 신(들)의 동의와 축복 속에서 수행되며, 따라서 승리는 필연적으로 보장되었다. 물론 왕이 수행하는 모든 전쟁이 언제나 성공적 이었던 것은 아니었다. 그러나 패배한 전쟁은 선별적 기록의 관행에 따라 대개는 기록되지 않았으며, 기록되는 경우는 그것이 새롭게 즉위한 왕에 의해 시정될 가능성이 있을 때로 한정되었다. 일례로, 아멘호텝 4세/아켄 아텐의 소위 '일신교 혁명Monotheistic Revolution'이 실패로 끝난 후 초래된 국 내외의 혼란스러운 상황을 수습하고자 하는 의지를 기록한 투탕카멘의 『개혁칙령Restoration Stela of Tutankhamun』은 신(들)의 축복을 받지 못한 원정 이 실패로 끝났음을 자인하고 있다.

> **『투탕카멘의 개혁칙령』** (5-9행 = *Urk. XXII*, 2026.10-12)
>
> 폐하[투탕카멘]께서 왕위에 오르셨을 때 신들과 여신들의 신전과 성읍 은 엘레판티네에서 삼각주의 습지에 이르기까지 무너져 내렸으며 그들 의 성지는 잡초 무성한 폐허로 변해 있었다. 그들의 지성소는 애초에 존 재하지 않았던 것처럼 변했고 그들의 신전은 오솔길이 되어버렸다. 신 들이 이 땅을 버리셨으니 검은 땅의 국경을 넓히려 자히에 군대를 파견 해도 그 뜻을 이루지 못하였다.[17] 염원이 있어 신께 기도를 올려도 그분 께서는 오시지 않았다. 같은 방법으로 여신께 탄원해도 그녀는 오시지 않았다.

그러나 왕들이 수행한 전쟁은 거의 대부분 성공적으로 마무리되었는 데, 왕은 전쟁을 승리로 이끌게 해준 신(들)에게 전리품을 바치는 한편, (투 트모세 3세의) 『연보』에서처럼 자신의 공적을 해당 신전에 공개적으로 기록

제3장 고대 이집트에서의 JUS IN BELLO, '전쟁의 정당한 수단'

하도록 조치했다. 이집트의 신민臣民들에게 성공적인 정복전 혹은 반란의 진압은 왕이 창조주의 유일한 대리자로서 마아트를 수호하고 이제페트를 소멸시키는 의무를 충실하게 수행하고 있다는 반박할 수 없는 증거였다.

폐하[투트모세 3세]께서는 그의 아버지 아문께서 그에게 하사하신 용맹함을 신전의 벽면에 새기라 명하셨으니, 폐하께서 그의 아버지 아문을 위하여 새로이 행하시는 것은 바로 이 신께서 친히 명하신 바에 따른 것이다. ...... 이에 따라 그 이름에 따라 각각의 전투가 폐하께서 그것[전투]으로부터 (이 신전으로) 가져오신 전리품과 함께 기록되었다.

교전수칙

이제페트를 체현한 마아트의 적인 반란군과 외국인들에 대한 잔인한 공격은 언제나 정당한 것으로 받아들여졌다. 일례로, 웨니는 제6 왕조(기원전 2345~2181년) 왕들의 총애를 누리며 고위직을 두루 거쳤던 고위관리로, 『웨니의 자전적 기록Autobiography of Weni』에는 고왕국 시대의 왕들이 시리아-팔레스타인 지역을 대상으로 전개했던 정복전의 면모가 생생하게 묘사되어 있다. 어느 정도 과장된 표현을 감안한다 하더라도 주변 민족에 대한 이집트인들의 원정이 매우 무자비했으며 종종 거주민의 완전한 축출과 취락 및 농경지의 완전한 파괴를 목표로 했다는 사실을 알 수 있다.

『웨니의 자전적 기록』 (*Urk.*, 103, 7-104, 3)

이 군대는 무사히 귀환했네 / 모래 위의 사람들을 유린한 후에,

이 군대는 무사히 귀환했네 / 사막의 유목민 땅을 납작하게 만든 후에,[18]

이 군대는 무사히 귀환했네 / 그 요새를 약탈한 후에,

이 군대는 무사히 귀환했네 / 그 무화과와 포도를 벤 후에,

이 군대는 무사히 귀환했네 / 그 모든 [가옥]에 불을 지른 후에,

이 군대는 무사히 귀환했네 / 그 수만의 군대를 도륙한 후에,

이 군대는 무사히 귀환했네 / 그 많은 [군대를] 포로로 [잡아온 후에].

앞서 언급한 것과 같이, 누비아 접경지역에 인구가 집중되어 이집트와 경쟁할 수 있는 영토국가가 수립되는 것을 극도로 경계했던 이집트인들은 추수가 끝나자마자 군대를 소집하여 누비아 지역에 대한 일종의 토벌전을 벌였는데 이와 같은 상황은 앞서 언급된 중왕국 시대 『셈나 경계비』의 기록을 통해 짐작해볼 수 있다.

『셈나 경계비』 (12-14행 = *Lesestücke*, 84, 4-9)

나[왕]는 그들의 여인들을 약탈했으며 그들의 식솔들을 데려왔노라.

그들의 우물로 갔으며 그들의 소를 죽이고,

그들의 보리를 베고 거기에 불을 질렀노라.

이집트가 고대 근동의 강대국과 어깨를 나란히 하던 '강대국 클럽' 시대의 이집트인들은 외부와 그들의 땅에 대해 더 많은 관심을 가지게 되었으며 그 결과 일종의 보편주의universalism가 새로운 사고방식으로 자리 잡게 되었다.[19] 이와 같은 보편주의의 영향 때문일까? 신왕국 시대 중반기

제3장 고대 이집트에서의 JUS IN BELLO, '전쟁의 정당한 수단'

부터는 외국인에 대해 과거와는 다소 다른 관점이 발견되는데 아멘호텝 4세/아켄아텐 치세에 창작된 『아텐 대찬가Great Hymn to the Aten』에서는 주변 각 민족의 언어와 인종적·환경적 특징이 객관적으로 묘사되면서 그동안 일관되게 강조되었던 이집트인들의 상대적 우월성은 부각되지 않는다.

『아텐 대찬가』(8-9행)

당신[아텐]께서는 당신의 심장[의지]에 따라 땅을 만드셨습니다. /

(그때) 당신 홀로,

모든 사람과 큰 짐승과 작은 짐승들을,

발로 걷는 땅 위의 모든 것들 / 날개로 날아 오르는 (하늘) 위의 모든 것들을,

코르와 쿠쉬 / 그리고 이 검은 땅을.

당신께서는 모든 이를 각자의 자리에 두시며 /

필요한 바를 만드시니,

(그리하여) 모든 이가 그의 먹을 몫을 갖고 있으며 /

그들의 수명도 정해졌습니다.

말로 혀가 나뉘고 / 형체도 그러하며

그들의 피부도 서로 다르니 / (이로써) 당신께서는 나라를 구분하십니다.

『아텐 대찬가』가 출현한 시대는 이집트 역사에서도 매우 예외적인 시기로 간주된다. 따라서 보편주의가 이 시대에만 국한되는 것은 아닌가 하는 의문을 가질 수 있다. 그러나 태양원반에서 방출되는 신성한 빛의 신인 아텐Aten뿐만 아니라 전통적인 신들에 대한 신왕국 시대의 찬가에서도 외국과 외국인에 대한 보편적인 시각을 공유한다. 그렇다고 해서 이런 보편주의가 당시의 '시대정신Zeitgeist'으로서 외국인에 대한 뿌리 깊은 반감과

그림 12 메디넷 하부 장제전의 타일에 묘사된 결박당한 외국의 적들(이집트박물관)

우월감을 완전히 불식시켰던 것은 아니다.

　외국과 외국인에 대한 다소 객관적인 관점은 과거와 비교해서는 분명 새롭기는 했지만 전적인 전환의 계기를 제공해주지는 못했다. 이들 지역과 그 거주민에 대한 뿌리 깊은 적대감은 신왕국 시대 후반기에도 공고하게 지속되었다. 일례로, 람세스 3세의 메디넷 하부 장제전에서는 아시아인, 누비아인, 리비아인 등 이집트 주변의 외적을 사실적으로 묘사한 타일이 발견되었는데, 여기서 이들은 모두 손이 앞뒤로 묶인 무력한 모습으로 묘사되어 있다(그림 12).

　또한 신전의 남쪽에는 왕이 군중에게 모습을 보일 수 있는 알현의 창 Window of Appearance이 설치되었는데, 창 주위에는 왕이 외적을 물리치는 장면이 조각되어 있으며 그 아래에는 외적들의 머리를 부착하여 왕이 등장할 때 그가 이들을 실제로 발로 짓밟는 장면이 연출될 수 있도록 했다.

외국인에 대한 오랜 적대감은 『이스라엘 석비Israel Stela』라는 명칭으로 더 널리 알려진, 『메렌프타의 전승비』에서도 찾아볼 수 있다. 이 전승비는 왕이 재위 초기에 성취한 평화를 찬양하는 한편 복속당한 이집트 주변국의 비참한 상황을 다음과 같이 상세하게 묘사하고 있다.

『메렌프타의 전승비』 (26-28행 = KRI IV, 19.3-8)

모든 부족장들이 엎드려 말하기를, "샬롬"이라 하네.

'아홉 활' 중 어느 하나도 그 머리를 들지 못했네.

체헤누는 무화無化되었으며, 하티는 평정되었으며,

가나안 땅은 온갖 액운 속에서 약탈당했고,

아쉬켈론은 함락되었고 게제르는 점령당했으며,

야노암은 사라져 버렸고,

이스라엘 민족은 처단되어 씨가 없어졌으며,[20]

코르는 괭이의 땅으로 인해 과부가 되어 버렸도다.

모든 땅이 함께 평화를 누리게 되니,

방랑하는 모든 이들은 제압 당하리라.[21]

이집트인들은 또한 전쟁에 승리하기 위해서라면 정탐 · 매복 · 교란 · 기만 등의 전술을 사용하는 데 있어 일말의 주저함도 없었다. 특히 오디세우스가 사용했던 '트로이 목마'와 같은 기만전술은 『요파의 함락Capture of Joppa』이라는 제목이 붙은 아주 짧은 이야기 – 혹은 고대 이집트의 '도시 전설' – 에 등장한다. 투트모세 3세 재위 당시 반란을 일으킨 팔레스타인 남부의 도시국가 요파Joppa의 정벌 과정을 다룬 이 이야기에 따르면(LES VII, 2, 3-10), 지휘관이었던 제후티Djehuty 장군은 200명의 병사를 바구니에

숨겨 성안으로 잠입시키는 데 성공한다.[22] 오직 암살해야 마땅한 적들, 특히 반란군에 대해서는 신사적인 교전수칙이 개입할 여지가 없었던 것이다.

아울러 전쟁을 수행하는 데에는 실제적인 무력뿐만 아니라 주술도 함께 사용되었는데, 특히 밀랍 등으로 적의 형상을 만들어 저주를 건 후 불에 태우는 것과 같은 공감 주술sympathetic magic 기법이 광범위하게 사용되었다.[23] 질병을 치료하기 위한 의료행위에서도 실제적인 의학적 처치와 함께 주술이 동시에 사용되었다는 점을 고려하면, '군사적' 목적의 주술은 '의료적 목적'의 주술과 마찬가지로 우주의 질서를 교란하는 혼란의 세력에 대한 효과적인 대항수단이자 '비대칭적 주도권'을 장악하기 위한 선제적 조치였으며 이집트인들이 적을 궤멸하는 데 있어 그 어떤 수단도 배제하지 않았다는 사실을 시사한다.

그런데 주술을 비롯한 모든 비신사적인 수단이 동원되는 전쟁의 와중에도 한 가지 예외가 있었다. 그것은 당사국 혹은 인접국의 사절使節에 대해서는 안전을 보장해주는 것이었다. 당시 서아시아에서 활동하던 사절은 평시에도 오늘날의 여권에 해당하는, 왕실의 인장이 찍힌 점토판 형태의 통행증을 지참했는데,[24] 이것은 사절이 국경과 전략적 요충지를 지키는 군대나 관리에 의해 억류되지 않고 신속하게 이동할 수 있도록 하는 동시에 이들이 통과해야 하는 도시국가 등에 불필요한 세금을 갈취당하는 것을 방지하기 위한 조치였다. 이집트에서도 적어도 중왕국 시대부터는 사절의 안전한 여행을 보장해주는 관례가 정착한 것으로 보인다.[25] 이들은 각종 조약을 통해 전쟁을 예방하거나 종식시키는 데 기여했는데,[26] 이집트 역사상 가장 유명한 조약은 이후 살펴볼 '이집트-히타이트 평화조약 Egyptian–Hittite Peace Treaty'이다.

전쟁포로 및 전사자의 대우

이제페트를 근절하는 것이 불가능하듯 실제 전투에서 적을 한 명도 남김없이 완전히 섬멸하는 것은 현실적으로 불가능하다. 어느 전투에서든 투항하거나 생포되는 병력이 있기 마련이다. 내부와 외부의 적들은 공식적으로는 근절의 대상이었지만 그렇다고 해서 이집트인들이 특정 민족에 대하여 나치 독일의 '유대인 문제에 대한 최종 해결책Endlösung der Judenfrage'과 같은 체계적인 인종말살 정책을 수립하거나 수행했던 것은 아니었다. 어떻게 보면 이들에게 주변의 민족은 일종의 필요악과 같았다고 할 수 있다.

포로 중에서 지휘관 혹은 주모자 급은 처단될 가능성이 높았다. 〈나르메르 화장판〉이 제작되던 초기왕조 시대까지는 사로잡힌 적장을 신이 보는 앞에서 의례적으로 처단하는 신전의례가 실제로 거행되었다. 이런 의례적 살해가 언제까지 계속되었는지는 알 수 없으나 고왕국 시대부터는 서서히 사라졌을 것으로 추정된다. 그러나 이 엄혹한 관행은 신왕국 시대 아멘호텝 2세에 의해 약 1,500년 뒤에 부활하게 되는데 그는 포로가 된 반란의 주모자들을 스스로 처단하는, 당시의 기준으로는 다소 잔혹한 면모를 가감 없이 드러냈다. 누비아에서 가장 오래된 아마다 신전Amada Temple에 그가 '반란'의 진압을 기념하여 세운 석비에는 반란을 주도했던 부족장이 어떤 운명을 맞았는지가 다음과 같이 생생하게 기록되어 있다.[27]

『아마다 석비』(*Urk. IV*, 1297.1–1298.2)
폐하[아멘호텝 2세]께서 기쁜 마음으로 그의 아버지 아문께 돌아오시기 전, 그는 타크시Takhsi 지역의 대추大酋 7인을 자신의 곤봉으로 처단하셨으며 그들을 폐하의 (전용 왕실 범선인) 송골매호의 이물에 걸어두셨다.
...... 이후 왕께서는 이 가증스러운 것들 중 6명을 손들과 함께 테베의
성벽에 매달아두셨다. 그리고 왕께서는 나머지 하나를 활잡이들의 땅으
로 보내시어 나파타의 성벽 위에 매달게 하셨으니 이는 폐하의 승리를
영원히 과시하기 위함이었다.[28]

이 석비에서 누비아의 부족장 6명의 시신과 함께 테베의 성벽에 전시
되었던 "손들"은 전과를 확인하기 위해 이집트 병사들이 전사한 적군의
시신으로부터 절단한 것이다. 당시 이집트인들은 적의 손과 성기를 절단
한 후 그것의 숫자를 기록하고 이들을 더미 형태로 쌓아 올려 전투의 성
과를 과시했는데, 아부 심벨 신전 내벽에 새겨진 람세스 2세의 카데시 전
투 장면과 람세스 3세의 메디넷 하부 장제전에 새겨진 해양민족과의 전투
장면에서 이와 같은 관례를 확인할 수 있다(그림 13).[29]

그림 13 메디넷 하부 장제전 부조에 묘사된, 적들의 절단된 손 무더기(by Steven C. Price, CC BY—SA 3.0)

지휘관이나 주모자 급이 아닌 일반 전쟁포로가 집단으로 처형되는 경우도 있었다. 이런 가혹한 조치는 대개 상대방에 일종의 경고의 메시지를 전달하기 위해 시행되었다. 대표적인 예로는 메렌프타 재위 4년에 행해졌던 전쟁포로의 집단 처형 사례를 들 수 있는데 앞서 언급된 아마다 신전 벽에 새겨진 소위 『아마다 신전 석비Amada Wall Stela』에는 포로로 잡힌 리비아족과 누비아의 일족인 메자Medjay족에 대한 섬뜩한 처형이 다음과 같이 묘사되어 있다.[30]

『아마다 신전 석비』 (4-5행, 7-8행 = *KRI IV*, 1.12-13, 1.15-2.1)

"남은 자들은 멤피스 남쪽에서 나무 위에 놓여졌다."

"다른 이들은 두 눈과 더불어 두 귀가 뽑혔으며 쿠쉬로 보내졌다."

리부 족속은 남아나지 못했다. [...] 그들의 땅에서 [...] 13만 명 [...]. 남은 자들은 멤피스 남쪽에서 나무 위에 놓여졌다. ...... 메자들이 이집트로 압송되었다. 그들은 동족들의 면전에서 불 속으로 던져졌으며 남은 자들은 그들의 죄악에 따라 양손이 잘렸다. 다른 이들은 두 눈과 더불어 두 귀가 뽑혔으며 쿠쉬로 보내졌다. 이들은 그들의 성읍에서 (시신)더미를 이루었다.[31]

여기서 "나무 위에 놓여졌다"는 리비아의 전쟁포로들이 말뚝에 꿰어 죽이는 신체 관통형impalement에 처해졌다는 것을 의미한다. 신체 관통형은 말뚝에 꿰인 부분의 출혈이 최소화되기 때문에 당사자가 오랜 시간에 걸쳐 극심한 고통을 겪으며 죽어가야 하는 매우 잔인한 형벌이었다(그림 14). 따라서 이집트에서 신체 관통형은－화형과 함께[32]－도굴범이나 국사범 등 최악의 범죄를 저지른 범인들에게만 특별히 집행되었다.[33]

메렌프타가 리비아와 누비아의 전쟁포로에 대해 신체 관통형이나 화형과 같은 잔인한 형벌을 가한 이유는 당시 삼각주 서부에 산재한 리비아 민족이 연합하여 이집트로 대거 진출했기 때문이다. 리비아족은 조부인 세티 1세Sety I(기원전 1294~1279년)와 부왕인 람세스 2세 재위기간에도 이집트를 끊임없이 위협했으며, 람세스 2세는 삼각주 지대의 방어를 위해 서쪽 국경에 요새를 세웠으나 메렌프타의 치세에는 이들 요새만으로는 리비아족의 침략을 효과적으로 막아낼 수 없었다.[34] 전쟁포로를 대상으로 한 신체 관통형은 이런 절박한 상황에서 이집트를 호시탐탐 넘보는 리비아 부족에게 던지는 단호한 경고의 메시지였던 것이 분명하다.[35]

그림 14 신체 관통형 = 말뚝에 꿰어 죽이는 형벌을 묘사한 성각문자[35]

신체의 완전성을 중시하여 시신을 미라로 방부 처리하는 기술이 고도로 발달했던 이집트에서 시신을 훼손하는 것은 내세에서 영생을 성취할 수 있는 방법을 제거한다는 점에서 특히 종교적 · 주술적으로 파괴적이었다.[36] 아울러 성기를 절취切取하는 관행은－앞서 『메렌프타의 전승비』에서

제3장 고대 이집트에서의 JUS IN BELLO, '전쟁의 정당한 수단'

도 언급된 것처럼 – 생식력을 소멸시킴으로써 적을 근본적으로 말살시키고자 하는 절대적인 응징의 메시지를 담고 있다고 할 수 있다. 한편, 고대 메소포타미아, 특히 아시리아에서는 적병 전사자가 악령으로 변하는 것을 막기 위해 시신을 절단하여 계통 없이 한데 매장하거나 심지어 이들의 뼈를 절구에 갈아 가루로 만드는 조치를 취한 것으로 알려져 있는데,[37] 이집트에서는 이와 같은 주술적 목적을 위한 시신훼손 행위는 이루어지지 않았다.

　'전쟁포로prisoner of war'를 의미하는 고대 이집트 단어를 직역하면, "강타 당했으나 살아남은 자smitten but alive"라는 의미를 가진 복합명사다. 이런 원뜻을 고려하면 적들은 전장에서 몰살시키는 것이 원칙이지만 그럼에도 불구하고 절멸되지 않고 살아남은 적병들을 불가피하게 사로잡을 수밖에 없다는 전쟁포로에 대한 이집트인들의 태도를 엿볼 수 있다. 앞서 『웨니의 자전적 기록』에서와 같이, 『시누헤 이야기』에서도 이들은 대개 가축 등과 함께 원정이나 전투의 전리품으로 여겨졌다.

『**시누헤 이야기**』(*p.Berlin 3022*, 11-19)

한편 폐하[아멘엠하트 1세]께서 테메흐 땅에 군사를 보내시고 폐하의 장자를 그 우두머리로 삼으시니 (그가 바로) 젊은 신 센와세레트이시다. 그가 이방의 나라들을 정벌하시고 유목민들을 치러 내려오신 후 이제 체헤누의 포로들과 온갖 종류의 짐승들을 끝없이 데리고 귀환하실 때 왕궁의 조신들이 태자께 알현실에서 사건이 발생했다는 것을 알리고자 서쪽으로 (사람을) 보냈다.[38]

전투지역에서 사로잡힌 전쟁포로들은 전투원과 (여성과 어린이를 포함한)

고대 이집트 전쟁론_개전권과 교전법을 중심으로

비전투원 여부에 관계없이 모두 종군 서기관에게 인계되었는데,[39] 이후 이들은 일생 동안 사면·해방되지 못하고 신전, 왕실 소유의 농지, 광산, 채석장 등에 예속되어 강제 노역에 종사하는 최하층 계급을 구성했다. 『시누헤 이야기』에서 묘사된 것처럼 전쟁포로는 가축과 다름없는 대우를 받았는데, 일례로 제20 왕조의 람세스 4세Ramesses IV(기원전 1153~1147년)에 작성된 『해리스 파피루스 1권Harris Papyrus I』(77.4~6)에서는 부왕인 람세스 3세가 남녀, 어린이의 구분 없이 모든 전쟁포로들에게 자신의 이름이 새겨진 낙인을 찍게 한 후 카르낙 대신전에 '아문의 가축'으로 영원히 봉납했다고 기록되어 있다.[40]

전쟁포로들은 또한 전리품으로서 무훈을 세운 병사들에게 하사되기도 했다. 제18 왕조 초기에 해당하는 아흐모세Ahmose(기원전 1550~1525년)·아멘호텝 1세Amenhotep I(기원전 1525~1504년)·투트모세 1세Thutmose I(기원전 1504~1492년)의 재위기간에 군인으로 복무했던 '아바나의 아들' 아흐모세가 남긴 『아바나의 아들 아흐모세의 자전적 기록Autobiography of Ahmose, Son of Abana』에서 아흐모세는 자신이 왕으로부터 남자 노예와 여자 노예 그리고 많을 땅을 하사받았다고 적고 있다(Urk. IV, 2.2~3). "나[아흐모세]는 온 땅이 보는 앞에서 황금을 일곱 차례나 하사받았으며 남종과 여종도 하사받았다. 나에게는 많은 경작지가 주어졌다."[41]

한편, 신왕국 시대에 전투수행 능력이 뛰어난 전쟁포로들은 이집트 군에 편입되어 일종의 용병으로 복무했다. 메렌프타의 부왕인 람세스 2세는 이집트를 침략한 해양민족 중 셰르덴족 전사들을 친위부대로 편성하여 운용했으며(그림 15),[42] 람세스 3세의 메디넷 하부 장제전에 묘사된 이집트 군과 해양민족 간의 전투에서는 이집트 군에 편입된 셰르덴 부대가 동족과 싸우는 장면이 묘사되어 있다. 이처럼 이집트와의 전쟁에서 패배한

그림 15 아부심벨 대신전 내벽에 새겨진 람세스 2세의 친위부대로 복무했던 셰르덴 전사들

전쟁포로들은 지위와 상황, 능력에 따라 서로 다른 처분을 받았으나 공식적인 도상에서는 - 외적에게 부과된 단 두 가지 운명, 즉 이집트군에 의해 죽거나 포로로 사로잡히는 운명 중 그나마 조금 더 나은 상황이라고 할 수 있는 - 패잔병으로서 언제나 손이 뒤로 묶인 채 무릎을 꿇고 있는 굴종적인 모습으로 묘사되었다.

정전협약

선전포고가 드물었던 만큼 전쟁 당사국 간의 정전협약 역시 이집트 역사에서는 찾아보기 어렵다. 이것은 이집트의 전쟁 상대가 대부분 부족 혹은 도시국가 규모의 작은 집단이었기 때문이다. 이집트 역사상 가장 대표적인 - 그리고 거의 유일한 - 정전협약으로는 카데시 전투 이후 히타이트와 체결한 협약을 꼽을 수 있다.

카데시 전투는 경솔하고 저돌적이었던 람세스 2세와 달리 치밀한 전략을 구사한 무와탈리 2세의 승리로 끝났으나 전체적으로 볼 때 두 제국 간의 판도에는 별반 커다란 변화가 없었다. 다만 카데시가 계속 히타이트의 세력권에 머물면서 이 지역까지 영향력을 다시 확대하고자 했던 람세스 2세의 시도는 무위로 끝났다고 할 수 있다. 이후에도 두 국가는 적대적인 관계를 유지했으나 람세스 2세 재위 16년 히타이트의 하투실리 3세Hattusili III(기원전 1267~1237년)가 무와탈리 2세의 아들이자 자신의 조카인 무르실리 3세Mursili III(기원전 1272~1265년)의 왕위를 찬탈한 것이 양국의 관계를 근본적으로 변화시키는 계기로 작용했다.

왕위를 찬탈당한 무르실리 3세 혹은 우르히-테슙Urhi-Teshub은 처음에는 바빌로니아, 이후에는 아시리아의 도움을 받아 왕위를 되찾으려고 했으나 모두 실패했고 폐위된 지 2년 만에 이집트로 망명했다. 이에 하투실리 3세는 그를 히타이트로 즉시 송환해줄 것을 이집트 측에 요청했으나 람세스 2세가 이를 거부하면서 두 나라 사이의 관계는 다시 전쟁 직전의 상황까지 악화되었다. 그러나 새로운 전성기를 맞아 영토 확장에 나선 아시리아 중왕국Middle Assyrian Empire(기원전 1363~912년)이 히타이트의 보호국이었던 시리아 북부의 하니갈밧Hanigalbat을 점령하고 이어 유프라테스강 유역의 카르카메시Carchemish까지 진군하면서 제국 본토의 안위를 위협하자 하투실리 3세는 이집트와 평화조약을 체결하기 위한 협상에 임할 수밖에 없었다.

마침내 람세스 2세 재위 21년에 두 강대국 간의 평화조약이 체결되었는데 이 조약에는 (1) 시리아-팔레스타인 지역에서의 양국 간의 적대행위 중지, (2) 망명자의 인도 및 상호방위, (3) 후계자의 왕위계승 보장 및 지

그림 16 평화조약(점토판 형태, 이스탄불 고고학박물관 소장)

지, (4) 망명자의 본국 송환과 본국 송환 후의 인도적 사면 등의 내용이 포함되어 있다.[43] 평화조약의 이집트어 텍스트는 카르낙 대신전과 라메세움의 벽면에 새겨졌으며, 국제 공용어였던 악카드(바빌로니아)어로 작성된 히타이트 측의 텍스트는 수도 하투사Hattusa의 문서 보관소에 보관되었다(그림 16).

아울러 하투실리 3세와 대왕비 푸두헤파Pudukhepa의 인장이 찍힌 원본 은판이 람세스 2세에게 보내졌다. 람세스 2세는 이 은판을 헬리오폴리스Heliopolis의 주신인 태양신의 발치에 놓아두게 했으며 하투실리 3세 역시

고대 이집트 전쟁론_개전권과 교전법을 중심으로

이집트 측에서 보내온 원문을 히타이트의 풍우신 타르훈나Tarkhunna의 발치에 놓아두도록 했다. 이들이 이런 조치를 취한 이유는 고대 서아시아의 유서 깊은 관례에 따라 양국이 체결한 평화조약의 증인이 양국의 최고신인 태양신과 풍우신 그리고 주요 도시의 주신들이었기 때문이었다.[44] 이런 맥락에서 조약을 위반한다는 것은 단순히 정치·외교적인 문제가 아니라 종교적 문제로 간주되었으며, 따라서 조약을 준수한 측은 위반한 측을 응징하는 데 있어 사용 가능한 모든 수단을 동원할 수 있었다. 이때 이런 응징은 비대칭적 도덕적 우위에 기반한 징벌적 전쟁의 성격을 띠었다.

그러나 이집트 역사 전반에 걸쳐 전쟁 혹은 이후의 적대적 관계가 이처럼 국가 간의 협정을 통해 해소되는 경우는 거의 없었다. 요컨대, 흔히 '세계 최초의 강대국 간의 평화조약'이라고 불리는 이집트-히타이트 간의 평화조약은 이집트 외교사에서 유사한 사례를 찾아보기 어려운 매우 예외적인 역사적 사건으로 보는 것이 타당할 것이다.

고대 이집트에서의 전쟁의 본질

제4장

고대 이집트에서의 전쟁의 본질

이제 신화적 세계관에 기반한 이집트의 '정당한 전쟁' 개념이 이후 서구 역사에 등장하는 다른 '정당한 전쟁'의 원형으로 간주될 수 있는지를 살펴보고자 한다. 이에 대한 논의는 첫째로 이집트인들이 생각한 '정당한 전쟁'이 유일신교 체제에서 수행된 궁극적으로 의로운 전쟁 '성전'의 원형이 될 수 있는지, 그리고 두 번째로 서구의 정치철학에서 '정당한 전쟁'과는 어떻게 비교될 수 있는지를 이해하는 방식으로 전개될 것이다.

'신성한 전쟁'과 유일신교의 '성전'

우선, 파라오가 수행한 '신성한 전쟁'은 신의 축복을 받았다는 점을 제외하면 유일신교의 '성전'과는 여러 면에서 차이를 보이는데 그 차이점을 이해하기 위해서는 이스라엘의 מלחמת מצווה(밀헤미트 미츠바milḥemit mitzvah)'와 성 아우구스티누스Augustinus(354~430년)가 『하나님의 도성De Civitate Dei』에서 언급한 '정의의 전쟁'을 이집트의 '신성한 전쟁' 개념과 비교해 볼 필요가

고대 이집트 전쟁론_개전권과 교전법을 중심으로

있다.

　서구 '성전'의 원형 중 하나라 할 수 있는 '밀헤미트 미츠바'는 산헤드린 Sanhedrin의 승인 없이 왕이 독자적으로 수행 가능한 방어전 혹은 '의무적 전쟁obligatory war'으로 정의된다. 이스라엘의 역사에서 '밀헤미트 미츠바'는 가나안 지역의 주변 왕국을 대상으로 하고 있으며 정치적 · 군사적인 우위를 점하기 위한 적의 완전한 섬멸을 목표로 하고 있다.[1] 이 개념은 종말론적 세계관에 입각하여 야훼에 의해 선택된 민족에게 주어진 영토를 정복하는 과정에서 발전한 것으로서, 여기서 전쟁의 주체는 왕과 그의 군대가 아닌 바로 신 자신이다. 또한 중립은 있을 수 없으며 인간적인 시련은 필연적이다.

　일례로, 『구약성서』「신명기」는 '밀헤미트 미츠바'의 수행방식을 다음과 같이 규정한다(20:2~4, 12~14). "싸움이 어우러지기 전에 사제는 나서서 군인들에게 이렇게 말하여라. '너, 이스라엘은 들어라. 오늘 너희는 원수를 치러 싸움터로 나간다. 겁내지 마라. 두려워하지 마라. 도망치지 마라. 원수를 앞에 두고 떨지 마라. 너희 하느님 야훼께서 너희와 함께 진격하시어 너희의 원수를 쳐주시고 너희에게 승리를 안겨주실 것이다.' ...... 만일 그들이 너희와 화평을 맺을 생각이 없어서 싸움을 걸거든 너희는 그 성을 포위 공격하여라. 너희 하느님 야훼께서 그 성을 너희 손에 부치실 터이니, 거기에 있는 남자를 모두 칼로 쳐죽여라. 그러나 여자들과 아이들과 가축들과 그밖에 그 성안에 있는 다른 모든 것은 전리품으로 차지하여도 된다. 너희 하느님 야훼께서 너희 원수들에게서 빼앗아주시는 전리품을 너희는 마음대로 쓸 수가 있다."[2]

　한편, 서구 '성전' 개념의 또 다른 축을 이루는 키케로Marcus Tullius Cicero(기원전 106~43년)의 『의무론De Officiis』등과 같은 스토아 철학에 기반한 bellum

Romanun '벨룸 로마눔' 역시 국가의 존망이 걸린 위기상황에서 수행되는 전쟁으로서 야만족·이교도·노예 및 농민을 대상으로 수행되는 총력전을 의미하는데,[3] 이는 『신국론神國論』이라는 이름으로 더 널리 알려진 『하나님의 도성』에서 아우구스티누스가 언급한 '정의의 전쟁' 개념으로 계승되었다.

그는 '천상의 도성'과 '지상의 도성'이 공존하는 현세에서는 악인들뿐만 아니라 선인들에게 있어서도 불가피하다고 말하면서, "현자는 정의의 전쟁을 할 것이다. 그는 자기가 사람인 것을 생각한다면, 그 정의의 전쟁이 필요한 것을 도리어 통탄하지 않을 것인가? 정의에 입각한 것이 아니면 그는 그런 전쟁을 하지 않을 것이며, 따라서 모든 전쟁을 면할 것이다"라고 쓰고 있다.[4] 그리고 이 '정의의 전쟁'은 아우구스티누스의 원래 의도와는 상관 없이 이후 중세의 십자군 전쟁Crusades(1095~1453년)의 필요성을 정당화하는 데에도 인용되었다. 신의 명령이자─"Deus lo vult! 하나님께서 그것을 원하신다!"─거룩한 종교적 의무 그리고 편리한 속죄의 방편이었던 십자군 전쟁은 '절대적 정당성'이 확보된 다른 모든 종교전쟁과 마찬가지로 무차별적인 학살로 이어졌으며 이슬람 문화권에서는 이에 맞서기 위한 جهاد '지하드jihad'의 개념을 시대의 필요에 맞게 발전시켰다.

십자군 전쟁과 지하드의 악연은 지금까지 계속되고 있는데 중세시대에 발전한 دار الإسلام '다르 알-이슬람', 즉 '평화의 영토'와 دار الحرب '다르 알-하브', 즉 '전쟁의 영토'라는 이분법적 구분이 현대 이슬람 근본주의자들에 의해 오용되며 테러리즘을 정당화하는 오늘날의 상황은 우리에게 이미 너무나 익숙하다. 인정하기 싫지만 모든 전쟁과 마찬가지로 '성전' 역시 그 표면적 명분과 관계 없이 세속적인 권력을 확장하고 물질적인 부를 탈취하는 방편이 될 뿐이다.

고대 이집트 전쟁론_개전권과 교전법을 중심으로

이집트의 경우, 자국의 신을 믿지 않는 것 역시 외국인과의 전쟁을 정당화해주는 요소 중 하나였던 것은 분명하다. 예를 들어, 하트셉수트 여왕은 『스페오스 아르테미도스 명각문Speos Artemidos Inscription』에서 제2 중간기 동안 이집트 북부를 장악했던 힉소스족이 "태양신 없이 통치"하고 과거의 유산을 파괴한 것을 자신이 바로잡았다고 주장한다.

『스페오스 아르테미도스 명각문』 *(JEA (32), pl. 6, 36-38)*

아시아인들[힉소스족]이 부랑인들과 더불어 삼각주의 아바리스에 터를 잡고 (조상들이) 이루어 놓은 것을 파괴한 이래, 나[하트셉수트]는 폐허를 복원하였다. 그들은 태양신 없이 통치하였으며 우레우스의 현신[짐]의 시대 바로 전까지 신의 뜻대로 행동하지 않았다.[5]

그러나 이것은 외국인들을 타도해야 할 여러 이유 중 하나였지 가장 중요한 전쟁의 절대적 명분은 아니었다. 그렇다면 선과 악의 이분법적 대립·보편적 정의에 대한 절대적 확신·전쟁에 대한 신의 허락과 축복, 그리고 승리에 대한 약속·절멸되어 마땅한 적에 대한 전면적이고 무자비한 폭력의 사용 등과 유사성에도 불구하고 이집트의 '신성한 전쟁'과 헤브라이즘과 헬레니즘을 축으로 하는 서구에서의 '성전'의 개념과의 근본적인 차이는 무엇일까?

첫째로, 독일의 이집트학자 얀 아스만Jan Assmann(1938~2024년)이 제시한 종교적 폭력에 대한 구분을 고려할 필요가 있다. 그의 구분에 따르면, 이집트와 같은 다신교 체제에서의 종교적 폭력은 '집단 외부적 폭력external violence'인 동시에 '체제 내부적 폭력intra-systemic violence'인 반면, 유일신교에서의 그것은 '집단 내부적 폭력internal violence'이며 '체제 외부적 폭력

extra-systemic violence'이다.[6] 예컨대, 아시리아인들이 아슈르Assur의 이름으로 다른 신의 신상에 대해 가하는 폭력은 그것이 외국의 신을 대상으로 한다는 점에서는 '집단 외부적 폭력'이지만 다신교의 체제를 초월하지는 않는다는 점에서 '체제 내부적 폭력'이다.

그러나 유일신교의 신자들이 다른 신의 신상에 대해 가하는 폭력은 그것이 신의 일부가 깃든 신성한 신상이 아니라 단순히 목재 혹은 석재와 같은 물질로 제작된 형상을 대상으로 한다는 점에서, 다시 말해서 현현의 매개체라는 신상의 '체제 내부적' 기능을 부정한다는 점에서 '체제 외부적 폭력'이다. 아울러 폭력의 대상이 대개는 체제 내부의 집단 혹은 민족, 즉 '이단'을 대상으로 한다는 점에서 '집단 내부적 폭력'이라 할 수 있다. 요컨대, 두 개념 간에는 종교적 폭력의 대상과 성격에 있어 엄연한 차이가 존재한다.

둘째로, 이집트의 종교적 심성에는 유일신교 문화의 '성전'에 필수적인 원죄 · 회개 · 속죄/면죄(죄사함) · 천국 · 지옥 등과 같은 요소가 존재하지 않았으며 전쟁의 목적이 개종에 있지도 않았다. 전쟁의 목적은 대개 방어나 원정 등과 같은 세속적인 것이었으며, 따라서 신의 개입은 신앙의 확산이 아니라 우주적 질서의 유지 혹은 확장을 목표로 했다. 따라서 종교 자체가 전쟁의 명분이 된 적은 고대 이집트 역사상 한번도 없었다고 할 수 있다.

서구 정치철학의 측면에서, 앞서 언급된 키케로 이후 '정당한 전쟁'이란 정의를 위해 불가피하게 수행되어야 할 전쟁으로 인식되었다. 이에 대해 니콜로 마키아벨리Niccolò Machiavelli(1469~1527년)는 그의 주저『군주론 Il Principe』18장에서 "군주가 전쟁에서 이기고 국가를 보존하면, 그 수단은 모든 사람에 의해서 항상 명예롭고 찬양 받을 만한 것으로 판단될 것이다"라고 말했다.[7] '정당한 전쟁'을 필요악으로 보는 이와 같은 관점은 토머스 홉스Thomas Hobbes(1588~1679년)를 거쳐 '제3 제국의 어용법학자' 카를 슈미트Carl Schmitt(1888~1985년)로 이어졌다.[8]

세속적 차원에서의 '정당한 전쟁'은 파라오가 수행한 전쟁의 목적과는 유사하지만 적어도 표면적으로는 bellum hostile '벨룸 호스틸레'로 대표되는 기사도적 교전규칙이 교전 집단 간에 준수되어야 했다. 따라서 신사적인 규범에 따라 전쟁을 수행하는 것은 의로운 전쟁의 충분조건이었다고 할 수 있다. 이것은 파라오가 이제페트에 대해 수행했던 무제한적·무차별적 전쟁과는 — 적어도 이론적으로는 — 구별된다.

제4장 고대 이집트에서의 전쟁의 본질

나가며

지금까지 살펴본 것과 같이 이집트인들에게 '전쟁의 정당한 명분' 혹은 '개전권'을 부여하는 것은 지상에서 유일하게 신들과 인간이 이상적인 조화를 이루고 있는 이집트를 위해 마아트를 수호하고 유지하는 한편, 이제 페트를 견제하고 제거해야 하는 왕의 신성한 의무였다. 신성한 왕권의 유일한 담지자로서 왕이 자신의 의무를 수행하기 위해 기획하고 추진하는 모든 전쟁은 따라서 '정당한 전쟁' 혹은 '신성한 전쟁'으로 간주되었다. 그러므로 외부의 공격을 받았을 때 이집트를 방어하기 위해 수행하는 방어전은 물론, 외부의 사악한 세력을 제거하기 위한 선제타격과 원정·정복전, 그리고 왕조에 반해 내부의 반란세력이 일으킨 내전까지 마아트를 수호한다는 명분 하나로 모두 정당화될 수 있었다.

결과적으로, 이집트인들에게는 전쟁을 통해 권력을 집중함으로써 광범위한 번영과 평화체제를 구축한다는 '팍스 로마나Pax Romana', '팍스 몽골리카Pax Mongolica', '팍스 브리타니카Pax Britannica' 혹은 '팍스 아메리카나Pax Americana'와 같은 논리,[1] "아테나이가 강성해져 라케다이몬(스파르타)인들에게 공포심을 일으킨 것이 필연적으로 전쟁을 불러일으켰다"는 '투키디데스의 함정Thucydides' Trap'과 같은 논리,[2] 또는 정치적 이데올로기나 종교적 교의를 전파·보호·말살하기 위한 이념전·성전의 논리,[3] 적대성을 인간실존의 전제조건으로 본 카를 슈미트류의 '전쟁을 위한 전쟁' 논리 등이 동원될 필요가 없었는데 폭력을 동반하는 모든 적대적 행위를 "마아트의 수호"라는 단순하고 포괄적인 이유로 정당화할 수 있었기 때문이다.[4]

이집트인들의 입장에서는 전쟁의 명분이 지극히 정당했으므로 전쟁에 동원된 모든 수단 역시 '전쟁의 정당한 수단'으로 여겨졌다. 정당한 명분에 이제페트를 체현한 외적에 대한 우월감 등이 더해져 전쟁수행 방식은 철저하게 비대칭적인 동시에 일방적이었다. 그 결과 신체적·도덕적으로 열등한 국내외의 사악한 세력에 대한 선전포고의 관행이나 신사적인 교전수칙은 거의 준수되지 않았다. 흥미롭게도, 절멸의 대상인 적의 패잔병을 생포하는 것은 이론적으로는 마아트를 중심으로 하는 이집트의 종교적 이데올로기에 반하는 것이었지만 전장에서의 현실적인 한계와 경제적·전략적 이유 등으로 인해 생포된 포로는 대개 용병이나 국가 소유의 노동자 등으로 활용되었다.

아울러 고대 국가들 사이에도 전쟁과 함께 외교적 협상이 국제관계를 유지·강화하는 데 사용된 것은 사실이지만 메소포타미아 영토국가들에 비해 상대적으로 고립된 위치에 있었던 이집트의 경우 외교적 협상이나 조약을 통해 적대관계를 해결하는 전통은 거의 전무했다고 할 수 있다.

지금까지 살펴본 고대 문명의 전쟁방식은 이른바 '문명화된' 현대의 그것과 비교했을 때 극단적이고 비인간적으로 보일 수 있으나 전쟁을 수행하는 데 있어 보편적이고 절대적인 정의를 상정하고 독점하고자 하는 태도는 과거의 전쟁 혹은 현대의 극단주의적 투쟁에만 국한되는 것은 아닐 것이다.

종합하면, '정당한 전쟁'은 '의로운' 사람들조차 피해갈 수 없는 불가피한 것으로 여겨졌으며, 따라서 이론상으로는 그것이 종교적 목적에 의해 수행되든 정치적 목적에서 수행되든 그 숭고한 대의에 맞게 올바르게 수행되어야 했다. 그러나 이러한 이상주의적 관점과 현실세계에서 발발한 실제 전쟁의 원인과 수행과정 간의 괴리는 너무나 컸다. 이집트의 '신성한 전쟁'이 이들 '정당한 전쟁'의 기원으로 간주될 수 있다면 그것은 단 하나, 고대의 전쟁에 부여된 신화적 측면, 즉 선과 악이라는 선명한 흑백논리 아래 개전의 정당한 명분 그리고/혹은 책임 등에 대한 한 치의 의심 없이 절대악의 화신인 적의 완전한 섬멸을 목표로 수행되어야 한다는 특징 때문일 것이다.

테러리즘과 같이 근본주의적 교의에 기반한 극단적 폭력이든, 파시즘과 공산주의와 같이 극좌 혹은 극우 이데올로기에 대한 광신적 열의든, 혹은 중화주의나 유라시아주의와 같이 이런 전체주의에 기반한 신성한 민족주의든, 청동기 시대까지 거슬러 올라가야 하는 편협한 '민족종교'에 필적하는 신념과 열정에 의한 것이라면 평화가 어쩐지 당연하지 않게 된 오늘날, 전쟁으로 향하는 흥겨운 행진을 잠시 멈추고 그런 신화가 21세기 반도체가 지배하는 '규석기硅石期 시대'에도 여전히 준용準用 — 혹은 악용 — 가능한지를 다시 한번 진지하게 반문해볼 일이다.

고대 이집트 전쟁론_개전권과 교전법을 중심으로

미주

들어가며

1   김훈, 『달 너머로 달리는 말』, 서울: 파람북 (2020), 120쪽.

2   전쟁은 주권 국가 혹은 이에 준하는 집단들 사이에서 무력을 수반한 조직적인 투쟁으로 정의되지만 제2차 세계대전 이후 그 형식과 양상이 매우 다양했다. 그러나 본서의 연구범위는 이들 전쟁의 양상을 모두 반영하지는 못한다. 일례로, 한국전과 같이 정치적 이념의 대립에 따른 진영 간의 대립이 (원래는 하나였던) 국가 내부에서 발생한 경우, 국공내전國共內戰(1945~1949년)이나 제1차 인도차이나전쟁(1946~1954년)과 같이 탈식민지 권력투쟁적 성격을 띠는 내전 혹은 민족주의 저항전쟁, 이란-이라크 전쟁(1980~1988년)과 같이 종파 간의 갈등과 패권경쟁이 겹친 국지전 등 국가 혹은 이에 준하는 집단 간의 갈등은 다양하게 재정의될 수 있다.

3   멀린 토마스, 「가자 지구의 사망자 수로 파악해 본 이스라엘-하마스 전쟁」, 『BBC News 코리아』 (2023년 12월 21일), https://www.bbc.com/korean/articles/cw0dpl08z0po.

4   홍석재, 「사망 2만 명 중 74퍼센트가 어린이 · 여성 … 피 멎지 않는 가자지구」, 『한겨레신문』(2023년 12월 22일), https://www.hani.co.kr/arti/international/international_general/1121428.html.

5   한창완, [법조광장] 「국제법은 이스라엘-하마스 전쟁에 대해 무엇을 말할 수 있는가?」, 『법률신문』(2024년 12월 10일), https://www.lawtimes.co.kr/opinion/1939.

6   마거릿 맥밀런, 『전쟁은 인간에게 무엇인가』, 천태화 옮김, 서울: 공존 (2023),

362−390쪽.

7   「제1차 제네바 협약」은 1864년 처음 체결되었으며 이후 1906년과 1929년 제
      2차, 제3차 협약이 각각 채택되었다. 1949년 대대적인 개정과 확장을 거쳐
      마침내 「제4차 제네바 협약」이 확정되었다.

8   이진우, 『전쟁은 일어나지 않는다는 착각』, 서울: 휴머니스트 (2022), 8쪽; 질
      베르 아슈카르, 『이스라엘의 가자 학살』, 팔레스타인 평화 연대 옮김, 파주:
      리시올 (2024), 9−12쪽.

9   Chris Hedges, "'What Every Person Should Know about War': First
      Chapter," New York: New York Times Company (July 6, 2003), https://
      www.nytimes.com/2003/07/06/books/chapters/what-every-person-
      should-know-about-war.html.

10   Arther Ferrill, *The Origins of War: From the Stone Age to Alexander the Great*,
      London-New York: Routledge (2018), pp. 33−34.

제1장

1   제0 왕조와 시기적으로 겹치는 나카다 3기Naqada III(기원전 3100~2920년) 무렵에
      는 눈화장을 위해 구리 산화물인 공작석孔雀石, malachite · 방연석方鉛石, galena
      등을 빻아 가루로 만드는 데 사용되었던 화장판과, 전쟁터에서 무기로 사
      용되었던 곤봉의 머리부분 등이 그 실용성을 잃고 왕이 신전에 봉납하는 의
      례용 물품으로 그 용도가 바뀌었다. 이들 화장판이나 크기가 거의 농구공만
      큼 커진 의례용 곤봉머리에는 앞서 언급한 것처럼 왕이 성장盛裝을 하고 각
      종 신전 · 왕실 의례를 주관하는 모습이 새겨져 있다. 이에 대한 종합적인 연
      구로는 Laurel Bestock, *Violence and Power in Ancient Egypt: Image and Ideology
      before the New Kingdom*, Routledge Series in Egyptology, London-New York:
      Routledge (2018), pp. 40−84 참조.

2   Stephan J. Seidlmayer, "The First Intermediate Period (c. 2160~2055 BC)" in *The
      Oxford History of Ancient Egypt*, Ian Shaw (ed.), Oxford: Oxford University
      Press (2002), pp. 134−136.

3   '쿠쉬Kush'는 누비아 내륙을 지칭하는 용어다.

4   국왕시해가 암시된 문헌증거를 고려할 때 고왕국 시대 제6 왕조의 페피 1세
      Pepy I(기원전 2321~2287년), 중왕국 시대 제12 왕조의 아멘엠하트 1세Amenemhat I

(기원전 1985~1956년), 신왕국 시대 제20 왕조의 람세스 3세Ramesses III(기원전 1184~1153년) 등의 파라오에 대한 시해시도가 있었던 것으로 보인다. 이 중 역사적 사건으로 확정할 수 있는 사례는 람세스 3세의 시해시도이다. 자세한 내용은 유성환, 「국왕 시해의 양상과 역사적 의의: 고대 이집트의 문헌증거를 중심으로」, 『서양고대사연구』 제63집 (2022), 7-36쪽 참조.

5 카세켐위의 좌상 기단부에는 사지가 뒤틀린 시신과 함께 47,209라는 숫자가 새겨져 있는데 이것은 당시 처단된 반란 그룹의 사망자 수로 추정된다. W. Stevenson Smith, *The Art and Architecture of Ancient Egypt*, William Kelly Simpson (rev.), New Haven: Yale University Press (1998), p. 24. 아울러 그의 왕명이 기록된 석비에는 당시 왕권을 상징했던 호루스Horus와 세트Seth가 동시에 새겨져 있는데, 일부 학자는 이것을 서로 다른 신을 모시던 두 정치세력의 갈등이 해소된 것으로 해석한다. 아멘엠하트 1세는 제11 왕조의 몬투호텝 4세Montuhotep IV(기원전 1992~1985년)의 왕위를 찬탈했는데, 이때 일부 지방호족이 이에 대항하여 반란을 일으킨 것으로 추정된다. 반란은 그의 아들인 센와세레트 1세Senwosret I(기원전 1956~1911년) 재위기까지 지속되었던 것으로 보인다. 한편, 세티 2세Sety II(기원전 1200~1194년)는 다른 왕실 구성원인 아멘메수Amenmessu(기원전 1203~1200년)와 왕위를 두고 치열하게 경합했다. 결과적으로 권력투쟁은 세티 2세의 승리로 마무리되었다.

6 Donald B. Redford, "The Concept of Kingship during the Eighteenth Dynasty" in *Ancient Egyptian Kingship*, David O'Connor and David P. Silverman (eds.), Leiden-New York-Köln: E.J. Brill (1995), pp. 169-172.

7 Kerry Muhlestein, *Violence in the Service of Order: The Religious Framework for Sanctioned Killing in Ancient Egypt*, Oxford: Archaeopress (2011), p. 83.

8 프레데리크 그로, 『왜 전쟁인가?』, 허보미 옮김, 서울: 책세상 (2024), 91-99쪽. 이와 관련하여, 변증법적 역사발전을 제시한 게오르크 헤겔Georg Wilhelm Friedrich Hegel(1770~1831년)은 프리드리히 실러Johann Christoph Friedrich von Schiller (1759~1805년)를 인용하여, "Die Weltgeschichte ist das Weltgericht" "세계사는 세계의 법정이다"라고 주장한 바 있다. 징벌적 전쟁 개념은 또한 '아마겟돈Armageddon'을 상정하는 종말론적 세계관의 핵심이기도 하다.

9 제25 왕조에 이르러 이집트 전역이 누비아 출신의 피예Piye(기원전 747~716년)에 의해 정복당하고 그의 후계자 사바카Shabaqa(기원전 716~720년)에 의해 하나의 정치적 세력권으로 통일됨으로써 이런 우려는 마침내 현실이 되었다.

10 역사적으로, 누비아에는 소위 A-그룹A-Group이라고 불렸던 선사시대 토착

문화가 존재했으며 고왕국 시대 제5 왕조(기원전 2494~2345년)부터는 C-그룹 C-Group이 누비아 북부에 출현하여 독자적인 세력을 형성했다. 당시 이집트 정부는 엘레판티네 총독을 단장으로 하는 원정대를 파견하여 누비아와 직접적인 교역을 시도했다. 중왕국 시대 제12 왕조부터는 나일강을 이용한 교역과 원주민의 이동을 통제할 목적으로 제1 급류First Cataract에서 제2 급류 Second Cataract에 이르는 전략적 요충지에 요새가 건설되었다. 본문에서 언급된 것처럼 누비아가 본격적으로 식민지화되고 이집트의 신앙이 누비아로 전파되기 시작한 시기는 신왕국 시대부터다. 한편, 일견 적대적으로 보이는 누비아에 대한 이와 같은 대외정책에도 불구하고 고왕국 시대부터 상당수의 누비아 전사들이 이집트를 위해 용병으로 복무했다.

11 Donald B. Redford, *Egypt, Canaan, and Israel in Ancient Times*, Princeton: Princeton University Press (1992), pp. 192-213.

12 당시 이집트와 주변 강대국 및 종속국 간의 외교적 교류를 파악하는 데 매우 중요한 역할을 하는 사료로는 「아마르나 외교서신Amarna Letters」을 들 수 있다. 흥미로운 점은 외교서신의 당사자가 당시 강대국으로 여겨지던 미탄니 Mittani · 히타이트 · 아르자와Arzawa · 알라시야Alashiya · 바빌로니아Babylonia · 아시리아Assyria의 군주인지, 아니면 이집트의 종속국으로 간주되던 시리아-팔레스타인 지역의 도시국가의 왕들인지에 따라 서신의 형식과 내용이 달라졌다는 사실이다. 강대국 군주와의 서신에서 이집트의 왕은 이들을 '형제'로 칭하였으며 외교관례에 따른 예물교환을 주로 논의했다. 반면 종속국의 왕들과 주고받은 편지에서는 이들 왕의 충성서약 · 정세보고 · 원군요청 등과 같은 실무적인 내용이 주를 이루었다. William L. Moran, *The Amarna Letters*, Baltimore-London: The Johns Hopkins University Press (1992), pp. xxii-xxxiii; Mario Liverani, "The Great Powers' Club," in *Amarna Diplomacy: The Beginnings of International Relations*, Raymond Cohen and Raymond Westbrook (eds.), Baltimore-London: The Johns Hopkins University Press (2000), pp. 15-27.

13 신왕국 시대 제19 왕조 메렌프타 재위 5년에는 북서부의 리비아 부족과 연합한 에크웨쉬Ekwesh · 쉐켈레쉬Shekelesh · 투르샤Tursha · 룩카Lukka · 셰르덴Sherden 등과 같은 부족들이 삼각주 지대 북동부를 침입했으며, 제20 왕조 람세스 3세 재위 8년에는 체케르Tjeker · 세켈레쉬 · 웨셰쉬Weshesh · 덴옌 Denyen · 펠레셋Peleset 등과 같은 부족이 침입했다.

1 여기서 파라오가 수행했던 '성스러운 전쟁'의 개념은 고대 이집트가 제정일
  치 체제였음에도 불구하고 유일신교 문화에서의 '성전holy war'과는 구별되어
  야 한다. 이와 관련한 자세한 내용은 제4장. 고대 이집트에서의 전쟁의 본질
  참조.

2 Miriam Lichtheim, *Maat in Egyptian Autobiographies and Related Studies*, Orbis
  Biblicus et Orientalis 120, Freibrug: Universitätsverlag Freiburg Schweiz
  (1992), pp. 20−37.

3 이와 같은 목적론teleology적 견지에서, 마아트를 헤겔이 제시한 '절대정신
  absoluter Geist'과 비교하는 것도 흥미로울 것이다. 절대정신이란 개별적 이성
  을 넘어서는 초월적 이성으로서 절대정신은 역사의 출발점이자 궁극적 목적
  이다. 아울러 절대정신은 절대적이므로 관념뿐만 아니라 실제를 만들어낸
  다. 헤겔에 따르면 순수한 정신에서 순수한 존재가 탄생하는데, 이 순수한
  존재의 대극對極에 있는 것은 무無다. 따라서 실제는 순수한 존재(정립)와 무(반
  정립) 사이의 변증법적 관계 안에 존재한다.

4 Andrew Gordon, "Foreigners" in *The Oxford Encyclopedia of Ancient Egypt*,
  Donald D. Redford (ed.), Volume 1, Oxford: Oxford University Press
  (2001), p. 544.

5 Marc Van De Mieroop, *A History of Ancient Egypt*, West Sussex: Wiley−
  Blackwell (2011), pp. 5−7.

6 이주의 역사 및 이집트 사회 내부의 인종적 다양성에 대해서는 Anthony
  Leahy, "Ethnic Diversity in Ancient Egypt" in *Civilizations of the Ancient Near
  East*, Jack M. Sasson *et al.* (eds.), Volumes I & II, Peabody: Hendrickson
  Publishers (2006), pp. 225−234; Barry J. Kemp, *Ancient Egypt: Anatomy of a
  Civilization*, Abingdon−New York: Routledge (2018), pp. 23−56 참조.

7 예를 들어, 투트모세 3세 치세에 고위 관리였던 마이헤르프리Maiherpri는 귀족
  으로서는 드물게 당시 왕들의 묘역이었던 왕가의 계곡Valley of the Kings에 묻
  히는 영광을 누렸으나(KV 36), 그의 분묘에서 발견된 파피루스에 묘사된 모습
  을 보면 누비아인이었던 것으로 추정된다. 또한 아멘호텝 3세Amenhotep III(기원
  전 1391~1352년)와 아멘호텝 4세/아켄아텐Amenhotep IV/Akhenaten(기원전 1352~1336년)
  치세에 재상의 지위에 오른 아페르−엘Aper−el이란 인물의 경우 이름을 통해
  시리아−팔레스타인 출신이었다는 것을 알 수 있다.

8   Mu-Chu Poo, *Enemies of Civilization: Attitudes toward Foreigners in Ancient Mesopotamia*, Egypt and China, Albany: State University of New York Press (2005), p. 23–36.

9   William J. Hamblin, *Warfare in the Ancient Near East to 1600 BC: Holy Warriors at the Dawn of History*, Warfare and History Series, Abingdon-New York: Routledge (2006), p. 32.

10   Ian Shaw, "Egypt and the Outside World" in *The Oxford History of Ancient Egypt*, Ian Shaw (ed.), Oxford: Oxford University Press (2002), pp. 309–310. 지상에 구현된 유일한 마아트의 영역인 이집트가 '야만적인' 이민족에 둘러싸여 있다는 일종의 '문명의 고립' 개념은 스스로 중화中華를 자처하고 동서남북 사방이 오랑캐들로 둘러싸여 있다고 믿었던 중국의 자국 중심적 세계관과 유사하다. Poo, *Enemies of Civilization* (2005), pp. 38–48; 주원준, 『인류 최초의 문명과 이스라엘: 고대근동 3천년』, 서울: 서울대학교출판문화원 (2022), 89–96쪽. 아울러 총체성을 의미하는 이집트의 상징수 '아홉'은 동아시아의 '팔굉八紘'의 개념과 비교해 볼 만하다.

11   반면, 공적인 차원이 아닌 경제적이고 실용적인 관점에서는 외국은 노동력의 공급원으로 혹은 진귀한 원자재와 특산품이 풍부한 곳으로 여겨졌는데, 이집트인들의 이와 같은 양가적 태도는 이념적 '토포스topos'와 경험적 '미메시스mimesis'라는 개념의 대비를 통해 설명될 수 있다. 이 두 개념의 차이에 대해서는 유성환, 「외국인에 대한 이집트인들의 두 시선」, 『서양고대사연구』, 제34집 (2013), 30–40쪽 참조.

12   여기서 사막을 의미하는 "붉은 땅Red Land"은 마아트에 의해 질서 잡히고 비옥한 이집트, 즉 "검은 땅Black Land"과 대비되는 개념으로서 황폐한 외국과 동일시된다. Richard B. Parkinson, *The Tale of Sinuhe and Other Ancient Egyptian Poems*, Oxford: Oxford University Press (1997), p. 173. 한편, 이처럼 이집트가 혼란한 틈을 타 침범하는 "이방의 무리"는 종종 귀족 분묘의 벽화에서 묘사되는 무질서한 새떼나 사막의 동물 등으로 묘사된다. 예를 들어, 재앙문학 장르의 또 다른 서사문학 작품인 『네페르티의 예언Prophesies of Neferty』에서 외국인들은 철새 혹은 가축 무리로 묘사된다(p.Petersburg 1116B, 29-30 + 35-37): "낯선 새들이 하이집트의 늪지에서 번식하리라, 그 둥지를 이웃 (새들) 위에 틀었으며 사람들이 결핍으로 인해 그들이 가까이 오게 했으니 …… 이국의 (가축) 무리가 검은 땅의 강물을 마시리라, 그들의 강둑에서 몸을 식힐 것이니 이는 그들이 경외할 것이 없기 때문이라."

13   Carl von Clausewitz, *On War*, Michael Howard et al (tr. & ed.), Princeton:
      Princeton University Press (1979), p. 87.

14   여기서 "카카우레Khakaure"는 센와세레트 3세Senwosret III(기원전 1870~1831년)의 즉
      위명throne name이며 "두 땅"은 남부의 상이집트Upper Egypt와 북부의 하이집트
      Lower Egypt를 통칭하는 용어이다. 아울러 "팔의 능력"이란 행동(력)을 의미하
      는 숙어이다.

15   이집트 역사에서 로마시대는 이집트가 황제의 직할 속주로 편입된 기원전 30
      년 8월 31일에서 로마가 동로마제국과 서로마제국으로 양분되면서 비잔틴
      제국Byzantine Empire(395~1453년)의 통치를 받게 된 시기까지로 본다. 비잔틴 제
      국 시기는 대개 이집트가 기독교화된 시기와 겹친다.

16   아멘호텝 3세의 부왕인 투트모세 4세Thutmose IV(기원전 1400~1390년)의 왕묘(KV
      43)에서 왕의 스핑크스가 저부조로 새겨진, 삼나무로 제작된 실제 옥좌의 측
      면 부분이 발굴되기도 했다.

17   Ian Shaw, *Egyptian Warfare and Weapons*, Shire Egyptology 16, Buckinghamshire:
      Shire Publications (1991), pp. 39-42.

18   Mark Healy, *Qadesh 1300 BC: Clash of the Warrior Kings*, Campaign Series 22,
      Westminster: Osprey Publishing (1993), pp. 39-43.

19   탑문塔門, pylon은 신전 축에 설치된 출입문을 중심으로 양쪽에 건설된 사다리
      꼴의 거대한 구조물을 지칭한다. 탑문 양측에는 레바논Lebanon 지역에서 수
      입한 삼나무로 만든 거대한 깃대를 세웠으며 깃대 위에는 다양한 색상의 깃
      발을 걸어 신이 신전에 거주하고 있음을 알렸다. 신전을 질서 잡힌 우주의 축
      소판으로 본다면, 탑문은 질서 잡힌 세계와 혼돈의 접경이자, 마아트의 세계
      인 이집트와 사악한 외부 세계 사이의 접경을 상징했다. 따라서 출입문ㆍ탑
      문에 가까운 바깥쪽에는 주변국을 대상으로 한 정복전이나 사막 혹은 습지에
      서의 사냥 장면 등을 새겨 혼돈을 정복하는 왕의 이미지를 부각시켰다. 한편,
      신전 내부에는 신들과 파라오 간의 긴밀한 관계에 초점이 맞춰졌다.

20   악카드 왕조Akkad Dynasty의 창시자인 사르곤Sargon(기원전 2334~2270년)의 손자
      나람-신Naram-Sin(기원전 2254~2218년 재위)이 산악민족인 룰루비Lulubi족 사투니
      Satuni 왕과의 전투에서 승리한 것을 기념하여 세운 〈나람-신 전승비Victory
      Stele of Naram-Sin〉에 묘사된 메소포타미아 전사-왕warrior-king의 위상과 전
      쟁 장면에서의 파라오의 독보적인 위상을 비교해 보는 것도 흥미로울 것이
      다. 나람-신은 메소포타미아의 왕으로서는 드물게 이집트의 파라오 체제

와 유사한 절대왕권의 비전을 가졌던 왕으로 알려져 있다. 상기 전승비에서 나람-신은 활과 전투용 도끼를 들고 뿔이 달린 투구를 쓴 모습으로 등장하는데, 메소포타미아에서 뿔이 달린 투구는 신성의 상징 중 하나이므로 여기서 나람-신이 신격화된 모습으로 묘사되었다는 것을 알 수 있다. 왕의 뒤로는 악카드군의 기수대가 행진하고 있으며, 왕 앞에는 죽어가는 룰루비족 병사와 자비를 비는 병사, 그리고 전사한 군인들의 시신들이 뒤틀린 형태로 묘사되어 있다. 아울러 초기왕조 시대 벽면 장식의 특징인 기준선이 제거되면서 화면 전체의 상승지향적 구도와 통일성이 강조되었다는 점, 자그로스산맥Zagros Mountains과 경사진 산길 및 수풀 등 인물 주변의 배경이 메소포타미아 예술에서는 드물게 묘사되었다는 점, 전승비 상단에 메소포타미아의 일곱 주신을 상징하는 천체가 새겨졌다는 점 등도 주목할 만하다.

21 Anthony J. Spalinger, *War in Ancient Egypt: New Kingdom*, Malden-Oxford: Blackwell Publishing (2005), pp. 101-109.

22 관련 사료에 대한 정보는 Anthony J. Spalinger, "A Critical Analysis of the 'Annals' of Thutmose III (Stücke V-VI)," *Journal of the American Research Center in Egypt*, Volume 14 (1977), pp. 41-54; Donald B. Redford, *The Wars in Syria and Palestine of Thutmose III*, The Foundations of the Egyptian Empire in Asia, Volume 3, Leiden-Boston: Brill (2003), pp. 206-209 참조.

23 Raymond O. Faulkner, "The Battle of Megiddo," *Journal of Egyptian Archaeology*, Volume 28 (December 1944), pp. 2-15.

24 투트모세 3세의『연보Annals』는 왕이 재위 초기 시리아-팔레스타인 지역에서 수행한 14차례의 원정과 그 결과를 기록한 사료로서 왕의 재위 42년경에 카르낙 대신전Great Temple of Karnak의 지성소 벽면에 새겨졌다.

25 람세스 2세가 히타이트의 팽창정책을 저지하기 위해 시리아 북부 지역에 단행했던 원정은 앞서 언급된 카데시 전투Battle of Qadesh로 이어진다. 이 전투는 서로 다른 장르에 속하는 두 작품, 즉 서사문학 장르에 속하는『일지』와 서사시 장르에 속하는『무훈시Poems』에 상세히 기록되어 있다.『일지』는 원정 중 작성된 전투일지를 바탕으로 당시 카데시에서 전개된 일련의 사건을 시간 순으로 기술하기 위해,『무훈시』는 히타이트 연합군과의 전투에서 람세스 2세가 보여준 영웅적인 무공武功과 신성을 찬양하기 위해 각각 창작되었다. 이처럼 하나의 역사적 사건을 서로 다른 장르의 문학작품으로 기록한 것은 카데시 전투가 최초라 할 수 있다.『일지』와『무훈시』는 동일한 서기관에 의해 작성된 것으로 보이는데, 람세스 2세가 이 두 작품을 아비도스Abydos · 룩

소르Luxor · 카르나 · 아부 심벨Abu Simbel 신전과 자신의 장제전葬祭殿, mortuary temple인 라메세움Ramesseum에 새기게 했다는 사실을 통해 그가 이들 작품에 상당히 만족했다는 것을 짐작할 수 있다. 『일지』의 경우, 총 5개의 사본이 존재하는데, 본문에 인용된 'L1 사본'은 룩소르 신전 탑문 북쪽 벽면에, 'L2 사본'은 같은 신전 내부에 람세스 2세가 조성한 전정前庭, forecourt 동쪽 벽면에 각각 새겨졌다.

26 세트는 자신의 형제인 오시리스Osiris를 살해한 포악한 신이며 사막과 폭풍, 분란과 혼란의 신이자 무한한 힘으로 태양신을 수호하는 전사 신이다. 아울러 외국의 수호신으로서 시리아-팔레스타인의 풍우신 바알Ba'al과 동일시된다. 라메세움 제1 탑문 북쪽 망루에 새겨진 'R1 사본'에서는 "승리의 순간의 세트" 대신 "그의 (결정적인) 시간의 바알"이 사용된 것에 주목하라.

27 람세스 2세의 병거를 끌던 두 마리 말의 이름은 "테베의 강자"와 "무트께서 만족하시다"이다. 본문에서는 이 중 한 마리의 이름만 등장한다. 무트Mut 여신은 태양신의 딸이며 테베의 주신 아문-레Amun-Re의 배우자이다.

28 태양신의 아들로서, 전쟁신 몬투Montu, 사막의 열기와 폭풍우의 신 세트, 태양신의 딸이자 역병의 여신인 세크메트Sekhmet의 화신으로서 파라오는 이글거리는 화염으로 적을 무찌르는 것으로 묘사된다. 예컨대, 『네페르티의 예언』에서는 강력한 왕이 새롭게 등장하여 혼란을 수습하고 외국의 침략자들을 물리치는 장면이 다음과 같이 묘사되어 있다(p.Petersburg 1116B, 63-64). "아시아인들은 그의 살육에 쓰러질 것이며, 리비아인들은 그의 화염에 쓰러질 것이다." 끝으로, 왕이 적을 "왕겨"처럼 보았다는 말 역시 전사 왕 = 화염의 화신 이미지와 부합하는데 왕겨는 추수 후 불에 태우는 것이 일반적인 관행이었기 때문이다.

29 히타이트 군대가 동쪽에서 카데시 주변을 흐르는 오론테스Orontes강의 여울을 건너 이집트군을 공격했는데 람세스 2세는 여기서 이들을 다시 강쪽으로 퇴각시켰다고 주장하고 있다.

30 §106부터 화자가 삼인칭에서 일인칭으로 바뀐다. 신왕국 시대 왕실 기록물의 경우, 한 작품 속에서 일인칭 화자 시점과 삼인칭 화자 시점이 자주 혼용된다. 아울러 "짐이 그들 뒤에 있었다"는 말은 그가 적을 추격하고 있었다는 뜻이며 "그들 중 (단) 하나도 다시 서지 않았다"는 말은 아무도 전장으로 복귀하여 왕과 함께 싸우지 않았다는 의미이다.

31 왕이 맹세를 통해 자신이 진술한 내용의 신빙성을 강조하는 관례 역시 왕실 기록물에서 종종 발견된다. 예컨대, 센와세레트 3세가 이집트 남부 국경에

세운 『셈나 경계비』Semna Boundary Stela에서 왕은 다음과 같이 언급한다(12행 = Lesestücke, 84, 8-9). "짐이 그것을 직접 보았으니 결코 과장이 아니다."

32 Richard H. Wilkinson, *Reading Egyptian Art—A Hieroglyphic Guide to Ancient Egyptian Painting and Sculpture*, New York: Thames & Hudson (1998), p. 185.

33 〈전장 화장판〉의 구도와 묘사는 라가시의 에안나툼Eannatum(기원전 2500~2400년 경)에 의해 제작된 일명 〈독수리 석비〉Stele of Vulture〉의 그것과 매우 유사하다. 메소포타미아 초기왕조 시대(기원전 2600~2350년경) 발생한 것으로 보이는 도시 국가 라가시—움마Lagash—Umma 간의 국경분쟁 상황을 기록한 〈독수리 석비〉 오른쪽 하단부의 중간과 아래에 위치한 파편에 묘사된 시신들의 뒤틀린 몸 체, 그리고 왼쪽 면의 닌기르수Ningirsu 신이 손에 쥐고 있는 그물에 잡힌 움마 포로들의 모습 등은 독수리 석비에 묘사된 시신의 비틀리고 뒤틀린 몸체와 매우 비슷한 모습을 보인다. 이와 같은 전사자 혹은 포로의 모습은 후기 우르 크 시대(기원전 3500~3100년경)에 제작된 것으로 추정되는 원통형 인장에서도 찾 아볼 수 있다.

34 장제전은 죽은 왕의 제사와 의례를 거행하던 신전을 의미한다. 순수하게 신 을 위한 의례가 행해지던 신전은 장제전과 구별하여 의례전(儀禮展, cult temple 이라고 부른다. 원칙적으로 장제전은 왕묘와 가까운 나일강 서안에, 카르낙 대신전과 룩소르 신전Luxor Temple 같은 의례전은 동안에 각각 위치한다. 그러 나 이와 같은 구분은 현대적인 것이며 이집트인들은 신전을 이렇게 서로 다 른 범주로 엄밀하게 구분하지 않았다.

35 Laurent Coulon, "Famine," *UCLA Encyclopedia of Egyptology*, no. 1(1) (June 19, 2008), p. 2, https://escholarship.org/uc/item/2nv473z9.

36 Redford, *Egypt, Canaan, and Israel in Ancient Times*, p. 230; David O'Connor, "Egypt's View of 'Others'" in *Never Had the Like Occurred: Egypt's View of Its Past*, John Tait (ed.), London: University College of London Press (2003), pp. 156-157.

37 여기서 "왕의 사저"는 대왕비를 비롯한 왕비와 후궁 그리고 왕실 자녀가 기 거하던 외부와 차단된 공간을 의미한다. Uroš Matić, *Violence and Gender in Ancient Egypt*, Abingdon—New York: Routledge (2021), p. 116.

38 여기서 "코르Khor"는 시리아—팔레스타인을, "괭이의 땅Hoe Land"은 이집트를 각각 지칭한다.

1 Anthony J. Spalinger, "New Kingdom Triumphs: A First Blush" in *Rituals of Triumph in the Mediterranean World*, Anthony J. Spalinger and Jeremy Armstrong (eds.), Leiden–Boston: Brill (2013), p. 99.

2 Raymond Westbrook, "International Law in the Amarna Age" in *Amarna Diplomacy: The Beginnings of International Relations*, Raymond Cohen and Raymond Westbrook (eds.), Baltimore–London: The Johns Hopkins University Press (2000), pp. 28–41; Mark Van De Mieroop, *A History of Ancient Near East*, Malden: Blackwell Publishing (2006), pp. 129–148.

3 David J. Bederman, *International Law in Antiquity*, Cambridge Studies in International and Comparative Law 16, Cambridge: Cambridge University Press (2001), pp. 208–209. 고대 메소포타미아의 선전포고 전통에 대해서는 Mario Liverani, "Holy War and Just War in Ancient Near East" in *Historiography, Ideology and Politics in the Ancient Near East and Israel*, Niels Peter Lemche and Emanuel Pfoh (eds.), Changing Perspectives 5, London: Routledge (2021), pp. 86–87 참조. 아울러 기원전 7세기 아시리아 신왕국 시대 말기의 선전포고 관행의 가능성에 대해서는 Pamela Gerardi, "Declaring War in Mesopotamia," *Archiv für Orientforschung*, 33 Bd. (1986), pp. 30–38 참조.

4 여기서 "호루스의 때"는 신들이 이집트를 다스리던 상고시대를 의미한다.

5 센와세레트 3세는 제2 급류 지역을 정벌한 후 셈나Semna와 우로나티Uronati에 요새를 건설했는데, 이 경계비는 요새가 건설될 때 함께 세워진 2개의 비석 중 하나다. 본문에서 "그의 국경에서 물러서는 자"는 센와세레트 3세가 확정한 국경을 지키지 못하는 후대의 왕을 지칭하는데, 여기서 그는 후대의 왕들에게 누비아인들을 무서워할 이유가 없으니 자신이 정한 국경을 굳건히 지키라고 당부한다.

6 여기서 "심장이 부서진" 상태는 비겁함을 의미한다.

7 여기서 "위대한 여신"은 파라오를 수호하는 코브라 여신 우레우스Uraeus를 지칭한다. 우레우스는 왕의 이마에 곧추선 채 왕의 적에게 불을 내뿜는 왕가의 수호신으로서 '태양신의 딸' 중 하나로 간주된다.

8 한편, 이 찬가의 후반부부터는 신민을 돌보는 자애로운 왕으로서의 면모가 강조된다(p.Berlin 3022, 65-70). "그는 온화함의 주, 지극히 감미로운 분이시니 / 사랑으로 지배하시도다. // 성읍(의 백성들)은 (그들) 자신보다 그를 더 사랑하니 /

그들의 신보다 그에 대하여 더 기뻐하노라. // 남녀가 (서로) 앞다투어 그를 찬미하니 / 그가 왕이시기 때문이라. // 그는 태중胎中에서부터 (왕권을) 취하였으니 / 나신 후에도 그것을 염두에 두셨음이라. // 그와 함께 태어난 이들은 많으나 / 그는 신이 내리신 독보적인 이라." 이처럼 중왕국 시대에 창작된 왕의 찬가는 일반적으로 전반부에서는 이민족의 침입을 단호하게 물리치는 전사—왕으로서의 면모를 강조하는 반면, 후반부에서는 이집트인의 사랑을 받는 자애로운 군주로서의 면모가 강조되는 구조를 취하고 있는데, 이것은 신전의 외벽에는 외적을 무자비하게 제압하는 왕의 이미지를, 내벽에는 신들과 교류하며 우주와 이집트의 조화와 질서를 구현하고 유지하는 왕의 이미지를 각각 구현하게 되어 있는 조형예술 법칙과 조응한다. 국제 관계에서 '스마트 파워smart power'라는 개념을 제시한 미국의 정치학자 조지프 나이Joseph S. Nye(1937년~현재)의 '연성 권력soft power'과 '경성 권력hard power'의 개념을 차용하자면, 파라오는 대내적으로는 '연성 권력'을, 대외적으로는 '경성 권력'을 각각 구사했다고 할 수 있다.

9   여기서 "기둥 족속들"은 누비아 부족을 뜻하는 별칭이다.

10   여기서 "권능"은 왕이 적에게 심어주는 무서운 "인상impression"을 의미한다. 본문에는 신이나 인간의 독보적인 권능이나 개성을 의미하는 '바ba'의 복수형으로 표현된 것을 적절하게 의역한 것이다.

11   여기서 "다른 도시의 보병과 전차"는 리비아 연합군을 지원하기 위해 북부 삼각주 지대의 다른 도시가 파병할 수도 있는 병력을 말한다.

12   Jan Assmann, *Ägypten: Eine Sinngeschichte*, Wien: Carl Hanser Verlag (1996), pp. 356−370.

13   치밀한 정치적 계산과 더불어, 피예가 『한비자韓非子』에 언급된 "宋襄公之仁 송양공의 자비"의 고사와 같이 행동한 이유 중 하나는 적들이 결집하도록 유도한 후 한번에 공격하여 섬멸하려는 전략적 의도에서였다.

14   심지어 카데시 전투의 경우에 있어서도, 국격에 있어 이집트와 동급으로 여겨졌던 히타이트에 대하여 정식으로 선전포고가 있었다는 문헌학적·고고학적·정황적 증거는 발견되지 않았다.

15   이 표현은 〈나르메르 화장판〉을 비롯한 이집트의 조형예술에서 역사시대 전반에 걸쳐 반복적으로 구현된, 파라오가 수많은 부족장들의 머리채를 한 손으로 쥐고 곤봉을 든 다른 손으로 이들을 치기 직전의 모습을 상기시킨다.

16   이 『무훈시비』를 "국수적 제국주의nationalist imperialism이자 신성한 권위를 부

여 받은 보편적인 제국divinely mandated universal empire"의 기원으로 보는 견해
도 있다. Anthony Black, *A World History of Ancient Political Thought*, Oxford:
Oxford University Press (2009), p. 24. 필자는 『무훈시비』에 드러난 이런 관
점을 제국주의의 맹아로 보는 것에 동의한다.

17 여기서 "자히Djahy"는 시리아를 지칭한다.

18 여기서 "모래 위의 사람들"은 사막의 유목민들을 뜻하며, "땅을 납작하게 만
든" 것은 이들이 거주하고 생활하는 지역을 초토화시켰다는 의미이다.

19 Assmann, *Ägypten: Eine Sinngeschichte* (1996), pp. 232-242.

20 Michael G. Hasel, "Israel in the Merneptah Stela," *Bulletin of the American
School of Oriental Research*, No. 296 (November 1994), pp. 45-61.

21 상기 전승비에 언급된 지명 중 "체헤누Tjehenu"는 직역하면 "반짝이는 것"이
라는 뜻으로서 파이윰Faiyum 호수를 기점으로 북쪽으로 지중해에 이르는 북
부 리비아의 사막지대에 펼쳐진 흰 모래를 지칭한다.

22 이 전술과 '트로이 목마'와의 유사성에 대해서는 다음 참조. Andrea M.
Gnirs and Antonio Loprieno, "Krieg und Literatur" in *Militärgeschiche des
pharaonishen Ägypten: Altägypten und seine Nachbarkulturen im Spiegel der aktuellen
Forschung*, Rolf Gundlach and Carola Vogel (eds.), Paderborn: Ferdinand
Schoningh (2009), pp. 263-264.

23 Shaw, *Egyptian Warfare and Weapons*, p. 37; Robert Kriech Ritner, *The
Mechanics of Ancient Egyptian Magical Practice*, Studies in Ancient Oriental
Civilization No. 54, Chicago: Oriental Institute of the University of
Chicago (1993), pp. 136-180; Hamblin, *Warfare in the Ancient Near East to
1600 BC*, p. 348, pp. 415-418.

24 Amanda H. Podany, *Brotherhood of Kings: How International Relations Shaped the
Ancient Near East*, Oxford: Oxford University Press (2010), p. 201.

25 Shaw, *Egyptian Warfare and Weapons*, p. 45.

26 O'Connor, "Egypt's View of 'Others,'" p. 168; Bederman, *International Law
in Antiquity*, pp. 8-136, pp. 137-206.

27 Anson F. Rainey, "Amenhotep II's Campaign to Takhsi," *Journal of the
American Research Center in Egypt*, Volume 10 (1973), pp. 71-75.

28 여기서 "활잡이들의 땅Land of Archers"은 쿠쉬의 별칭이며 제4 급류Fourth Cataract에 위치한 나파타Napata는 쿠쉬의 수도였다.

29 〈나르메르 화장판〉의 한쪽 면에는 왕이 목이 잘린 적들의 시신을 시찰하는 장면이 새겨져 있다. 고대 이집트에서 적을 참수하여 전공을 과시하는 풍습은 초기왕조 시대 이후에는 발견되지 않는다. 다만 이것을 메소포타미아의 조형예술 전통과 비교하는 것은 나름의 의미가 있을 것이다. 관련하여 아시리아 제국Neo-Assyrian Empire(기원전 911~609년) 시대 왕궁 내부를 장식했던 저부조의 전쟁 장면에는 전사한 적의 수급首級을 베는 장면이 포함되어 있는데 아슈르바니팔Ashurbanipal(기원전 668~627년)의 보병이 엘람Elam의 왕 테움만Teumman(기원전 664~653년)의 머리를 베는 장면이 특히 유명하다. Chikako E. Watanabe, "The 'Continuous Style' in the Narrative Scheme of Assurbanipal's Reliefs," *Iraq*, Volume 66, Nineveh. Papers of the 49th Rencontre Assyrologique Internationale, Part One (2004), p. 112, Fig. 14.

30 Ahmad Abo el-Magd, "Mind Then Heart Control: Psychological Warfare as an Element of Egyptian Strategy of War during New Kingdom," *ResearchGate* (January 2016), pp. 7-9, https://www.researchgate.net/publication/323414341; Alan Richard Schulman, *Ceremonial Execution and Public Rewards: Some Historical Scenes on New Kingdom Private Stelae*, Gottingische Gelehrte Anzeigen 75, Gottingen: Vandelhoeck & Ruprecht (1987), p. 92.

31 Ahmad Abd el-Hamid Youssef, "Merenptah's Fourth Year Text at Amada," *Annales du Service des Antiquités de l'Égypte*, Volume 58 (1964): pp. 274-276.

32 화형은 『쿠푸 왕과 마법사 이야기King Khufu and the Magicians』나 『두 형제 이야기Tale of the Two Brothers』 서사문학 작품에서 간음을 저지른 여인에 대한 처형 방법으로 드물게 언급된다.

33 Joyce Tyldesley, *Judgement of the Pharaoh: Crime and Punishment in Ancient Egypt*, London: Phoenix (2000), pp. 65-66. 고대 이집트의 경우, 이를 묘사한 성각문자를 고려할 때 말뚝에 꿰이는 부분은 허리였던 것으로 추정된다. 고대 메소포타미아의 경우 아시리아 군이 포로나 적의 수장을 말뚝에 꿰어 죽이는 형벌을 시행한 것으로 알려져 있다. 예를 들어, 아시리아 제국의 개혁군주였던 티글라트-필레세르 3세Tiglath-pileser III(기원전 744-727년)의 칼후Kalhu 중앙궁전 벽면부조의 공성전 장면에는 성안에서 잘 보이는 곳에 포로 등이 말뚝에 수직으로 박혀 있는 모습이, 센나헤립Sennacherib(기원전 704-681년)의 니네베

Nineveh 왕궁 벽면부조의 라키쉬Lachish 포위공격 장면에서도 유다 왕국의 병사들이 말뚝에 박혀 있는 모습이 각각 묘사되어 있다. 아울러 페르시아 제국의 다리우스 1세Darius I(기원전 521~486년)가 바빌로니아를 점령했을 때 포로 3,000명을 신체 관통형에 처했다고 기록하고 있다(헤로도토스, 『역사』 3.159): "그리하여 이제 바빌론은 두 번째로 함락되었다. …… 다레이오스는 또 그곳의 요인 3,000명에게 말뚝을 꿰어 죽이는 벌을 내렸으나, 나머지 바빌론인들은 예전처럼 도시에서 계속 살게 해주었다." 이와 관련한 내용은 왕이 오늘날 이란의 비스툰Bistun(페르시아어: بیستون) 산에 새긴 다국어 비문인 『베히스툰 비문 Behistun Inscription』에도 기록되어 있다. 『역사』 원문의 한국어 번역은 다음을 참조하였다. 헤로도토스, 『역사』, 천병희 옮김, 고양: 도서출판 숲 (2009), 364쪽.

34 Jacobus van Dijk, "The Amarna Period and the Later New Kingdom (c. 1352~1069 BC)" in *The Oxford History of Ancient Egypt*, Ian Shaw (ed.), Oxford: Oxford University Press (2002), pp. 294–295.

35 Joyce Tyldesley, *Judgement of the Pharaoh: Crime and Punishment in Ancient Egypt*, London: Phoenix, (2000), pp. 65–66.

36 Bridget McDermott, *Warfare in Ancient Egypt*, Stroud: Sutton (2004), p. 17.

37 Jo Ann Scurlock, "Death and the Afterlife in Ancient Mesopotamian Thought" in *Civilizations of the Ancient Near East*, Jack M. Sasson *et al.* (eds.), Volumes III & IV, Peabody: Hendrickson Publishers (2006), p. 1982.

38 이야기에서 센와세레트 1세는 부왕 아멘엠하트 1세가 수도에서 암살당하는 시점에 리비아 접경의 서부사막 지역에 대한 원정을 마치고 귀환하는 중이었다. 여기서 "테메흐Temeh"는 파이윰호수를 기점으로 남쪽으로 누비아에 이르는 서부 리비아의 사막지대를 의미한다.

39 David Lorton, "The So-Called 'Vile' Enemies of the King of Egypt (in the Middle Kingdom and Dyn. XVIII)," *Journal of the American Research Center in Egypt*, Volume 10 (1973), pp. 65–70.

40 McDermott, *Warfare in Ancient Egypt*, p. 118; Pierre Grandet, "Captifs de Guerre et Dépendance rurale dans l'Égypte du Nouvel Empire," in *La Dépendance rurale dans l'Antiquité égyptienne et proche-orientale*, Bernadette Menu (ed.), Bibliothèque d'Étude 140, Cairo: Institut français d'Archéologie orientale, pp. 187–209. 한편, 전쟁포로가 된 여성 및 아동에 대한 개괄적인 설명은 Matić, *Violence and Gender in Ancient Egypt*, pp. 88–91.

41 자전적 기록의 주인공인 아흐모세에게 '아바나의 아들'이라는 호칭이 붙는 이유는 그가 파라오 아흐모세와 동명이인이기 때문이다. 역사적으로 중왕국 시대 센와세레트 3세의 시리아—팔레스타인 원정에서 잡힌 셈족 계열 포로들 중 일부는 이집트 귀족의 가정에서 집사로 활약하기도 했다.

42 Nicolas Grimal, *A History of Ancient Egypt*, Ian Shaw (tr.), Malden: Blackwell Publishing (1992), pp. 250–253.

43 Kenneth A. Kitchen, *Pharaoh Triumphant: The Life and Times of Ramesses II*, Warminster: Aris & Phillips (1982), pp. 75–83.

44 Stephen H. Langdon and Alan H. Gardiner, "The Treaty of Alliance between Ḫattušili, King of the Hittites, and the Pharaoh Ramesses II of Egypt," *The Journal of Egyptian Archaeology*, Volume 6(3) (July 1920), pp. 194–197.

제4장

1 Bederman, *International Law in Antiquity* (2001), pp. 209–212. '밀헤미트 미츠바'와 대비되는 개념으로는 מלחמת רשות 밀헤미트 레슈트', 즉 산헤드린으로부터 '허가 받은 전쟁authorized war' 혹은 '선택적 전쟁optional war'이 있다. '밀헤미트 레슈트'는 영토를 넓히거나 경제적 이익을 얻기 위해 행해지는 전쟁으로서 개전 여부에 대한 선택권이 주어진다. 이스라엘 역사에서 '밀헤미트 미츠바' 개념은 다윗David과 사울Saul의 재위기간에 해당하는 기원전 966~700년경부터는 쇠퇴하기 시작하는데, 이후 전쟁은 완전히 세속화되어 헬레니즘 시대(기원전 332~30년)에는 전설로만 남게 된다.

2 Hans Van Wees, "Genocide in the Ancient World," in *The Oxford Handbook of Genocide Studies*, Donald Bloxham and A. Dirk Moses (eds.), Oxford: Oxford University Press (2010), p. 242. 인종청소를 방불케 하는 '밀헤미트 미츠바'의 관행은 다음에서도 언급된다. 「민수기」 31:14–18; 「여호수아」 6:20–27; 8:1–2, 21–28; 11:14; 「사무엘상」 15:3. 한편, 이런 관행을 '전멸 신학'이 아닌 '전쟁 모티프를 사용한 신학'으로 보는 견해에 대해서는 주원준, 『신명기: 구약성경 주해 5』, 거룩한 독서를 위한 성경 주해 5, 서울: 바오로딸 (2016), 309–317쪽 참조.

3 Marcus Tulljus Cicero, *On Duties*, M. T. Griffin (tr.), E. M. Atkins (ed.), Cambridge: Cambridge University Press (2009), pp. 16–17. 한편, '벨룸 로

마눔'은 중세시대부터 이교도에 대한 무제한의 '성전'을 의미하게 되었다.

4 아우구스티누스, 『하나님의 도성』, 조호연 · 김종흡 옮김, 서울: CH북스(크리스천다이제스트)(2016), 932쪽.

5 "아르테미스의 암굴Grotto of Artemis"이라는 뜻의 스페오스 아르테미도스는 중부 베니 하산Beni Hassan에서 남쪽으로 약 2킬로미터 떨어진 곳에 위치한 암굴 신전이다. 원래는 전쟁의 여신 파케트Pakhet의 성소였으나 후대에 파케트가 아르테미스Artemis와 동일시되면서 지금과 같은 지명으로 불리기 시작했다. 파케트는 "할퀴는 여신"이라는 뜻이며 그 의미에 걸맞게 암사자의 모습으로 표상된다. 본문에서 아바리스Avaris는 힉소스 왕조의 수도였으며 제19 왕조부터는 피-람세스Per-Ramesses로 불렸다. 여기서 하트셉수트 여왕은 자신이 힉소스족을 몰아낸 것처럼 이야기하고 있으나 실제로 힉소스족이 이집트로부터 축출된 것은 제18 왕조의 시조인 아흐모세의 재위기에 해당하는 기원전 1530년경이다.

6 Jan Assmann, *Of God and Gods: Egypt, Israel and the Rise of Monotheism*, George L. Mosse Series, Wisconsin: The University of Wisconsin Press (2008), pp. 29-33.

7 니콜로 마키아벨리, 『군주론』, 강정인 · 김경희 옮김, 서울: 까치 (2015), 121-122쪽. 마키아벨리의 이 말은 『손자병법孫子兵法』 서두에 제시된 전쟁에 대한 정의, 兵者 國之大事 死生之地 存亡之道 不可不察也 "전쟁이란 나라의 중대사이다. 백성의 삶과 죽음을 판가름하는 마당이며, 나라의 보존과 멸망을 결정짓는 길이니, 깊이 삼가며 생각하지 않을 수 없다"를 상기시킨다.

8 홉스는 주저 『리바이어던Leviathan』 제13장에서 '자연상태natural condition'에서 '전쟁의 전통적인 주요 원인'으로 결핍과 탐욕 · 공포(와 그에 따른 선제공격) · 허영(우월감의 과시 및 교만한 자아의 현시) 등을 들었으며, 구조적이고 항구적이며 실질적인 잠재성으로서의 국가 간의 영구적 '전쟁상태'에 대해 언급했다. Thomas Hobbes, *Leviathan or The Matter, Forme and Power of a Commonwealth Ecclesiasticall and Civil*, Michael Oakeshott (ed.), Oxford: Basil Blackwell (1957), pp. 80-84. 한편, 슈미트는 『정치적인 것의 개념Der Begriff des Politischen』 「제5장 전쟁과 적에 대한 결단」에서 '정치적인 통일체'로서의 국가가 보유한 개전권과 관련하여, 적과 동지의 구별을 정치생활을 본질로 보았는데, 이것은 존재론적 측면에서 전쟁을 집단적 정체성을 부여 · 강화하는 강력한 기제로 보았다. 카를 슈미트, 『정치적인 것의 개념』, 김효전 옮김, 서울: 법문사 (1992), 55-64쪽; 이해영, 「칼 슈미트의 정치사상: '정치적인 것'의 개념을 중심으로」, 『21세기 정치학회보』, 제14집, 제2호 (2004), 7-14쪽.

1   Ian Moris, *War! What Is It Good For? Conflict and the Progress of Civilization from Primates to Robots*, New York: Farrar, Straus and Giroux (2014), pp. 3–26.

2   Graham Allison, "The Thucydides Trap," *Foreign Policy*, No. 224 (May/June 2017), pp. 80–81.

3   O'Conner, "Egypt's Views of 'Others,'" p. 7.

4   Shaw, *Egyptian Warfare and Weapons* (1991), p. 7. 물론, '마아트의 수호'는 표면적인 이유에 불과했다. 다른 모든 전쟁과 마찬가지로 이집트 역시 인간의 본성에 내재된 정복욕의 충족, 영토 및 국가이익의 보호와 획득, 국가의 영향력과 세력의 증대, 세력 균형의 유지 및 힘의 투사 등 다양한 실리적 목적을 위해 전쟁을 수행했다. 일례로, 투트모세 3세는 메기도에 대한 7개월에 걸친 포위전 끝에 894대의 전차, 200벌의 흉갑, 2,000필의 말과 25,000두의 가축을 전리품으로 획득했다. Betsy M. Bryan, "The 18th Dynasty before the Amarna Period (c. 1550~1352 BC)" in *The Oxford History of Ancient Egypt*, Ian Shaw (ed.), Oxford: Oxford University Press (2002), p. 238.

참고문헌

▶ **국내 자료**

김훈 (2020), 『달 너머로 달리는 말』, 서울: 파람북.

니콜로 마키아벨리 (2015), 『군주론』, 강정인 · 김경희 옮김, 서울: 까치.

마거릿 맥밀런 (2023), 『전쟁은 인간에게 무엇인가』, 천태화 옮김, 서울: 공존.

아우구스티누스 (2016), 『하나님의 도성』, 조호연 · 김종흡 옮김, 서울: CH북스(크리스천다이제스트).

유성환 (2013), 「외국인에 대한 이집트인들의 두 시선」, 『서양고대사연구』, 34, 33-78.

_____ (2022), 「국왕 시해의 양상과 역사적 의의: 고대 이집트의 문헌증거를 중심으로」, 『서양고대사연구』, 63: 7-36.

_____ (2023), 「고대 이집트에서의 Jus ad Bellum Jus in Bello」, 『서양고대사연구』, 67, 37-78.

이진우 (2022), 『전쟁은 일어나지 않는다는 착각』, 서울: 휴머니스트.

이해영 (2004), 「칼 슈미트의 정치사상: '정치적인 것'의 개념을 중심으로」, 『21세기 정치학회보』, 14(2), 1-25.

주원준 (2016), 『신명기: 구약성경 주해 5』, 거룩한 독서를 위한 성경 주해 5, 서울: 바오로딸.

_____ (2022), 『인류 최초의 문명과 이스라엘: 고대근동 3천년』, 서울: 서울대학교 출판문화원.

질베르 아슈카르 (2024), 『이스라엘의 가자 학살』, 팔레스타인 평화 연대 옮김, 파주: 리시올.

카를 슈미트 (1992), 『정치적인 것의 개념(Der Begriff des Politischen)』, 김효전 옮김, 서울: 법문사.

프레데리크 그로 (2024), 『왜 전쟁인가?』, 허보미 옮김, 서울: 책세상.

헤로도토스 (2009), 『역사』, 천병희 옮김, 고양: 도서출판 숲.

▶ 국외 자료

Abo el-Magd, A. (2016), "Mind Then Heart Control: Psychological Warfare as an Element of Egyptian Strategy of War during New Kingdom," *ResearchGate* (January 2016), 1–23, https://www.researchgate.net/publication/323414341.

Allison, G. (2017), "The Thucydides Trap," *Foreign Policy*, 224, 80–81.

Assmann, J. (1996), *Ägypten: Eine Sinngeschichte*, Wien: Carl Hanser Verlag.

_____ (2008), *Of God and Gods: Egypt, Israel and the Rise of Monotheism*, George L. Mosse Series, Wisconsin: The University of Wisconsin Press.

Bederman, D. J. (2001), *International Law in Antiquity*, Cambridge Studies in International and Comparative Law 16, Cambridge: Cambridge University Press.

Bestock, L. (2018), *Violence and Power in Ancient Egypt: Image and Ideology before the New Kingdom*, Routledge Series in Egyptology, London–New York: Routledge.

Black, A. (2009), *A World History of Ancient Political Thought*, Oxford: Oxford University Press.

Bryan, B. M. (2002), "The 18th Dynasty before the Amarna Period (c. 1550–1352 BC)" in *The Oxford History of Ancient Egypt*, edited by Ian Shaw, pp. 218–271, Oxford: Oxford University Press.

Cicero, M. T. (2009), *On Duties*, translated by M. T. Griffin and edited by E. M. Atkins, Cambridge: Cambridge University Press.

Clausewitz, C. von (1979), *On War*, translated and edited by Michael Howard and Peter Paret, Princeton: Princeton University Press.

Coulon, L. (2008), "Famine," *UCLA Encyclopedia of Egyptology*, 1(1), 1–8, https://escholar-ship.org/uc/item/2nv473z9.

Cox, R. (2017), "Expanding the History of the Just War: The Ethics of War in Ancient Egypt," *International Studies Quarterly*, 61. 371–384.

Faulkner, R. O. (1944), "The Battle of Megiddo," *Journal of Egyptian Archaeology*, 28(December 1944), 2–15.

Ferrill, A. (2018), *The Origins of War: From the Stone Age to Alexander the Great*, London–New York: Routledge.

Gerardi, P. "Declaring War in Mesopotamia," *Archiv für Orientforschung*, 33 Bd. 30–38.

Gnirs, A. M., & Loprieno, A. (2009), "Krieg und Literatur" in *Militärgeschiche des pharaonishen Ägypten: Altägypten und seine Nachbarkulturen im Spiegel der aktuellen Forschung*, edited by Rolf Gundlach and Carola Vogel, pp. 243–308, Paderborn: Ferdinand Schoningh.

Gordon, A. (2001), "Foreigners" in *The Oxford Encyclopedia of Ancient Egypt*, edited by Donald D. Redford, Volume 1, pp. 544–548, Oxford: Oxford University Press.

Grandet, P. (2004), "Captifs de Guerre et Dépendance rurale dans l'Égypte du Nouvel Empire" in *La Dépendance Rurale dans l'Antiquité égyptienne et proche-orientale*, edited by Bernadette Menu, Bibliothèque d'Étude 140, pp. 187–209, Cairo: Institut français d'Archéologie orientale.

Grimal, N. (1992), *A History of Ancient Egypt*, translated by Ian Shaw, Malden: Blackwell Publishing.

Hamblin, W. J. (2006), *Warfare in the Ancient Near East to 1600 BC: Holy Warriors at the Dawn of History*, Warfare and History Series, Abingdon–New York: Routledge.

Hasel, M. G. (1994), "Israel in the Merneptah Stela," *Bulletin of the American School of Oriental Research*, 296, 45–61.

Healy, M. (1993), *Qadesh 1300 BC: Clash of the Warrior Kings*, Campaign Series 22, Westminster: Osprey Publishing.

Hobbes, T. (1957), *Leviathan or The Matter, Forme and Power of a Commonwealth Ecclesiasticall and Civil*, edited and introduced by Michael Oakeshott, Oxford: Basil Blackwell.

Kemp, B. J. K. (2018), *Ancient Egypt: Anatomy of a Civilization*, Abingdon–New York: Routledge.

Kitchen, K. A. (1982), *Pharaoh Triumphant; The Life and Times of Ramesses II*,

Warminster: Aris & Phillips.

Langdon, S. H. & Gardiner, A. H. (1920), "The Treaty of Alliance between Ḫattušili, King of the Hittites, and the Pharaoh Ramesses II of Egypt," *The Journal of Egyptian Archaeology*, 6(3), 179−205.

Leahy, A. (2006), "Ethnic Diversity in Ancient Egypt" in *Civilizations of the Ancient Near East*, edited by Jack M. Sasson *et al.*, Volumes I & II, pp. 225−234, Peabody: Hendrickson Publishers.

Lichtheim, M. (1992), *Maat in Egyptian Autobiographies and Related Studies*, Orbis Biblicus et Orientalis 120, Freibrug: Universitätsverlag Freiburg Schweiz.

Liverani, M. (2000), "The Great Powers' Club," in *Amarna Diplomacy: The Beginnings of International Relations*, edited by Raymond Cohen and Raymond Westbrook, pp. 15−27, Baltimore−London: The Johns Hopkins University Press.

_____ (2021), "Holy War and Just War in Ancient Near East" in *Historiography, Ideology and Politics in the Ancient Near East and Israel*, edited by Niels Peter Lemche and Emanuel Pfoh, Changing Perspectives 5, pp. 79−99, London: Routledge.

Lorton, D. (1973), "The So−Called 'Vile' Enemies of the King of Egypt (in the Middle Kingdom and Dyn. XVIII)," *Journal of the American Research Center in Egypt*, 10, 65−70.

Matić, U. (2021), *Violence and Gender in Ancient Egypt*, Abingdon−New York: Routledge.

McDermott, B. (2004), *Warfare in Ancient Egypt*, Stroud: Sutton

Mieroop, M. Van De (2006), *A History of Ancient Near East*, Malden: Blackwell Publishing.

_____ (2011), *A History of Ancient Egypt*, West Sussex: Wiley− Blackwell.

Moran, W. L. (1992), *The Amarna Letters*, Baltimore−London: The Johns Hopkins University Press.

Morris, I. (2014), *War! What Is It Good For? Conflict and the Progress of Civilization from Primates to Robots*, New York: Farrar, Straus and Giroux.

Muhlestein, K. (2011), *Violence in the Service of Order: The Religious Framework for Sanctioned Killing in Ancient Egypt*, Oxford: Archaeopress.

고대 이집트 전쟁론_개전권과 교전법을 중심으로

O'Conner, D. (2003), "Egypt's Views of Others" in *Never Had the Like Occurred: Egypt's View of Its Past*, edited by John Tait, pp. 155−185, Encounter with Ancient Egypt Series, London: UCL Press.

Parkinsin, R. B. (1997), *The Tale of Sinuhe and Other Ancient Egyptian Poems*, Oxford: Oxford University Press.

Podany, A. H. (2010), *Brotherhood of Kings: How International Relations Shaped the Ancient Near East*, Oxford: Oxford University Press.

Poo, M.−C. (2005), *Enemies of Civilization: Attitudes toward Foreigners in Ancient Mesopotamia, Egypt and China*, Albany: State University of New York Press.

Rainey, A. F. (1973), "Amenhotep II's Campaign to Takhsi," *Journal of the American Research Center in Egypt*, 10, 71−75.

Redford, D. B. (1992), *Egypt, Canaan, and Israel in Ancient Times*, Princeton: Princeton University Press.

_____ (1995), "The Concept of Kingship during the Eighteenth Dynasty" in *Ancient Egyptian Kingship*, edited by David O'Connor and David P. Silverman, pp. 157−184, Leiden−New York−Köln: E.J. Brill.

_____ (2003), *The Wars in Syria and Palestine of Thutmose III*, The Foundations of the Egyptian Empire in Asia, Volume 3, Leiden−Boston: Brill.

Ritner, R. K. (1993), *The Mechanics of Ancient Egyptian Magical Practice*, Studies in Ancient Oriental Civilization No. 54, Chicago: Oriental Institute of the University of Chicago.

Schulman, A. R. (1987), *Ceremonial Execution and Public Rewards: Some Historical Scenes on New Kingdom Private Stelae*, Gottingische Gelehrte Anzeigen 75, Gottingen: Vandelhoeck & Ruprecht.

Scurlock, J. A. (2006), "Death and the Afterlife in Ancient Mesopotamian Thought" in *Civilizations of the Ancient Near East*, Jack M. Sasson *et al* (eds.), Volumes III & IV, pp. 1883−1893, Peabody: Hendrickson Publishers.

Seidlmayer, S. J. (2002), "The First Intermediate Period (c. 2160−2055 BC)" in *The Oxford History of Ancient Egypt*, edited by Ian Shaw, pp. 108−136, Oxford: Oxford University Press.

Shaw, I. (1991), *Egyptian Warfare and Weapons*, Shire Egyptology 16, Buckinghamshire: Shire Publications.

_____ (2002), "Egypt and the Outside World" in *The Oxford History of Ancient Egypt*, edited by Ian Shaw, pp. 308−324, Oxford: Oxford University Press.

Smith, W. S. (1998), *The Art and Architecture of Ancient Egypt*, revised by William Kelly Simpson, New Haven: Yale University Press.

Spalinger, A. J. (1977), "A Critical Analysis of the 'Annals' of Thutmose III (Stücke V−VI)," *Journal of the American Research Center in Egypt*, 14, 41−54.

_____ (2005), *War in Ancient Egypt: New Kingdom*, Malden−Oxford: Blackwell Publishing.

_____ (2013), "New Kingdom Triumphs: A First Blush" in *Rituals of Triumph in the Mediterranean World*, edited by Anthony J. Spalinger and Jeremy Armstrong, Leiden−Boston: Brill.

Tyldesley, J. (2000), *Judgement of the Pharaoh: Crime and Punishment in Ancient Egypt*, London: Phoenix.

Van Dijk, J. (2002), "The Amarna Period and the Later New Kingdom (c. 1352−1069 BC)" in *The Oxford History of Ancient Egypt*, edited by Ian Shaw, pp. 265−307, Oxford: Oxford University Press.

Van Wees, H. (2010), "Genocide in the Ancient World," in *The Oxford Handbook of Genocide Studies*, edited by Donald Bloxham and A. Dirk Moses, pp. 239−258, Oxford: Oxford University Press.

Watanabe, C. E. (2004), "The 'Continuous Style' in the Narrative Scheme of Assurbanipal's Reliefs," *Iraq*, Volume 66, Nineveh. Papers of the 49th Rencontre Assyrologique Internationale, Part One, 103−114.

Westbrook, R. (2000), "International Law in the Amarna Age" in *Amarna Diplomacy: The Beginnings of International Relations*, edited by Raymond Cohen and Raymond Westbrook, pp. 28−41, Baltimore−London: The Johns Hopkins University Press.

Wilkinson, R. H. (1998), *Reading Egyptian Art − A Hieroglyphic Guide to Ancient Egyptian Painting and Sculpture*, New York: Thames & Hudson.

Youssef, A. Abd−el−Hamid (1964), "Merneptah's Fourth Year Text at Amada," *Annales du Service des Antiquités de l'Égypte*, 58, 273−280.

▶ 웹사이트

멀린 토마스, "가자 지구의 사망자 수로 파악해 본 이스라엘-하마스 전쟁",
　　BBC News 코리아, 2023.12.21., https://www.bbc.com/korean/articles/
　　cw0dpl08z0po.

한창완, "[법조광장] 국제법은 이스라엘-하마스 전쟁에 대해 무엇을 말할 수 있는
　　가?", 법률신문, 2024.12.10., https://www.lawtimes.co.kr/opinion/1939.

홍석재, "사망 2만 명 중 74퍼센트가 어린이 · 여성 … 피 멎지 않는 가자지구",
　　한겨레신문, 2023. 12. 22., https://www.hani.co.kr/arti/international/
　　international_general/1121428.html.

Hedges, C., "'What Every Person Should Know about War': First Chapter,"
　　New York: New York Times Company, 2003.7.6. https://www.nytimes.
　　com/2003/07/06/books/chapters/what-every-person-should-know-
　　about-war.html.

고대 이집트 전쟁론

개전권과 교전법을 중심으로

초판 발행 2024년 10월 23일

지 은 이 유성환
펴 낸 이 김성배
펴 낸 곳 도서출판 씨아이알

책임편집 신은미
디 자 인 윤현경 엄해정
제작책임 김문갑

등록번호 제2-3285호
등 록 일 2001년 3월 19일
주   소 (04626) 서울특별시 중구 필동로 8길 43(예장동 1-151)
전화번호 02-2275-8603(대표)
팩스번호 02-2265-9394
홈페이지 www.circom.co.kr

I S B N 979-11-6856-264-6 93930